MANUEL COMMERCIAL

DU

TAPISSIER

PAR

A. MARCHAL & BESSONNEAU

PREMIÈRE ÉDITION

PRIX BROCHÉ 15 FRANCS

Cet Ouvrage ne sera vendu qu'à l'appui d'une Commission

PARIS
MARCHAL & COMPAGNIE
ÉDITEURS
12, Rue Saint-Gilles, 12

ALBUM N° 7 QUÉTIN

Planche n° 1

CHAISE LOUIS XV

à moulures, dossier garni

Garnitures tendues

Quantité m. c.		fr. c.
3 70	Sangle	» 44
7 »	Élastique	1 40
» 50	Toile forte	» 62
» 70	— embourrure	» 59
1 10	— blanche	» 72
» 55	Percaline	» 28
1k500	Crin	8 65
	Façon	9 »
	Couture et apprêt	1 »
	Clous et ficelle	1 25
	Menus frais	» 25
	Prix en blanc	24 20

Garnitures capitonnées

Quantité m. c.		fr. c.
3 70	Sangle	» 44
7 »	Élastique	1 40
» 50	Toile forte	» 62
» 35	— embourrure	» 29
1 45	— blanche	1 30
» 55	Percaline	» 28
1k500	Crin	8 65
	Façon	11 »
	Couture et apprêt	1 25
	Clous et ficelle	1 25
	Menus frais	» 25
	Prix en blanc	26 73

Prix des différents bois avec roulettes

		fr. c.
A grosses moulures en Acajou		18 50
Id.	en Bois noir	22 »
Id.	en Palissandre	33 »

ÉTOFFES

Tendues

Quantité m. c.	EN	fr. c.
» 80	Damas laine	4 20
» 80	Reps	5 60
1 70	Velours	20 40
» 80	Satin français	7 20
1 70	Perse	4 25
» 85	Damas laine et soie	11 90
1 75	Damas de Lyon	31 50
2 »	Peau ou maroquin	22 »
» 80	Drap	8 80
» 80	Satin soie uni en 140	20 60
» 80	Moleskine	3 20

Capitonnées

Quantité m. c.	EN	fr. c.
» 95	Damas laine	4 98
» 95	Reps	6 65
1 95	Velours	23 40
1 »	Satin français	9 »
2 »	Perse	5 »
1 »	Damas laine et soie	14 »
2 »	Damas de Lyon	36 »
2 1/2	Peau ou maroquin	27 50
» 95	Drap	10 45
1 »	Satin soie uni en 140	28 »
» 95	Moleskine	3 80

Prix net non compris le bois

Tendues EN	fr. c.	Capitonnées EN	fr. c.
Damas laine	29 52	Damas laine	33 53
Reps	32 95	Reps	37 20
Velours	47 75	Velours	53 98
Satin français	34 55	Satin français	39 50
Perse	29 57	Perse	33 55
Damas laine et soie	39 25	Damas laine et soie	44 50
Damas de Lyon	60 95	Damas de Lyon	68 68
Peau	49 35	Peau	58 08
Drap	36 15	Drap	41 03
Satin soie uni	50 05	Satin soie uni	60 68
Moleskine	31 47	Moleskine	35 30

PASSEMENTERIES

Quantité m. c.		fr. c.	Quantité m. c.		fr. c.
3 50	Lézarde à s.	3 15	3 50	Lézarde uni	1 12
3 50	Biais dents de rat	3 25	325	Clous dorés	2 95
28	Boutons à capiton	» 70			

p. 100 en plus.	Frais généraux	
	Bénéfice	
	TOTAL	

Note générale. — *Tous les derrières des sièges et entoilages sont en étoffes, pareils aux intérieurs.*

ALBUM N° 7 QUÉTIN

Planche N° 1

FAUTEUIL LOUIS XV

à moulures

Garnitures tendues

Quantité m. c.		fr. c.
5 50	Sangle...........	» 66
8 »	Élastique	2 »
» 65	Toile forte........	» 81
» 80	— embourrure..	» 68
1 35	— blanche	» 88
» 60	Percaline	» 30
2k100	Crin...............	12 07
	Façon	11 »
	Couture et apprêt..	1 50
	Clous et ficelle.....	1 25
	Menus frais.......	» 25
	Prix en blanc...	31 40

Garnitures capitonnées

Quantité m. c.		fr. c.
5 50	Sangle...........	» 66
8 »	Élastique	2 »
» 65	Toile forte........	» 81
» 40	— embourrure..	» 34
1 60	— blanche	1 44
» 60	Percaline	» 30
2k 100	Crin...............	12 07
	Façon	13 »
	Coutures et apprêt .	1 75
	Clous et ficelle.....	1 50
	Menus frais	» 25
	Prix en blanc...	34 12

Prix des différents bois avec roulettes

		fr. c.
A grosses moulures	en Acajou......	46 »
Id.	en Bois noir....	52 »
Id.	en Palissandre..	62 »

ÉTOFFES

Tendues

Quantite m. c.	EN	fr. c.
» 95	Damas laine.......	4 98
» 95	Reps.............	6 65
1 90	Velours	22 80
» 95	Satin français	8 55
1 95	Perse	4 87
1 »	Damas laine et soie.	14 »
2 05	Damas de Lyon....	36 90
2 1/2	Peau ou maroquin.	27 50
» 95	Drap..............	10 45
» 95	Satin soie uni en 140	26 60
» 95	Moleskine.........	3 80

Capitonnées

Quantite m. c.	EN	fr. c.
1 10	Damas laine.......	5 77
1 10	Reps..	7 70
2 35	Velours......... ..	28 20
1 10	Satin français	9 90
2 20	Perse.............	5 50
1 15	Damas laine et soie.	16 10
2 50	Damas de Lyon....	45 »
3 »	Peau ou maroquin.	33 »
1 10	Drap	12 10
1 10	Satin soie uni en 140	30 80
1 10	Moleskine.........	4 40

Prix net non compris le bois

Tendues EN	fr. c.	Capitonnées EN	fr. c.
Damas laine..	37 05	Damas laine...	41 36
Reps.........	43 09	Reps.........	47 66
Velours	59 24	Velours	68 16
Satin français.	44 99	Satin français.	49 86
Perse........	36 94	Perse..	41 09
Damas laine et soie	50 44	Damas laine et soie	56 06
Damas de Lyon	76 70	Damas de Lyon	88 32
Peau.........	63 94	Peau.........	72 96
Drap..	46 89	Drap.........	52 06
Satin soie uni.	66 40	Satin soie uni.	74 12
Moleskine	40 55	Moleskine	44 67

PASSEMENTERIES

Quantite m. c.		fr. c.
5 60	Lézarde à s........	5 04
5 60	Biais dents de rat..	8 40
32 »	Boutons à capiton..	» 80

Quantite m. c.		fr. c.
5 60	Lézarde uni.......	» 67
520	Clous dorés.......	4 68

p. 100 en plus.	Frais généraux	
	Bénéfice......	
	TOTAL...	

ALBUM N° 7 QUÉTIN

Planche N° 2

CANAPÉ OTTOMANE LOUIS XV

à trois devantures

Garnitures tendues

Quantité m. c.		fr. c.
23 50	Sangle..........	2 82
33 »	Élastique.........	8 25
4 60	Toile forte.......	5 75
4 »	— embourure...	3 40
6 »	— blanche......	3 90
1 80	Percaline.........	» 90
10k500	Crin..............	60 37
	Façon............	30 »
	Couture et apprêt..	5 »
	Clous et ficelle....	2 »
	Menus frais.......	» 50
	Prix en blanc...	122 89

Garnitures capitonnées

Quantité m. c.		fr. c.
23 50	Sangle...........	2 82
33 »	Élastique.........	8 25
4 60	Toile forte......	5 75
» 60	— embourure..	» 51
7 50	— blanche	6 75
1 80	Percaline.........	» 90
10k500	Crin..............	60 37
	Façon............	35 »
	Couture et apprêt..	6 »
	Clous et ficelle....	2 25
	Menus frais.......	» 50
	Prix en blanc..	129 10

Prix des différents bois avec roulettes

	fr. c.
en Acajou.........	55 »
en Bois noir.......	62 »
en Palissandre.....	85 »

ETOFFES

Tendues

Quantité m. c.	EN	fr. c.
5 »	Damas laine.......	26 25
5 »	Reps.............	35 »
8 20	Velours...........	98 40
5 »	Satin français....	45 »
8 »	Perse.............	20 »
5 10	Damas laine et soie.	71 40
10 »	Damas de Lyon....	180 »
10 1/2	Peau ou maroquin..	115 50
5 75	Drap.............	63 25
5 »	Satin soie uni en 140.	140 »
5 75	Moleskine.........	23 »

Capitonnées

Quantité m. c.	EN	fr. c.
6 »	Damas laine.......	31 50
6 »	Reps.............	42 »
10 50	Velours..........	126 »
6 »	Satin français.....	54 »
9 »	Perse............	22 50
6 30	Damas laine et soie.	88 20
12 »	Damas de Lyon....	216 »
13 »	Peau ou maroquin..	143 »
7 20	Drap.............	79 20
6 »	Satin soie uni en 140	168 »
7 20	Moleskine.........	28 80

Prix net non compris le bois

Tendues EN	fr. c.	Capitonnées EN	fr. c.
Damas laine...	152 98	Damas laine...	167 24
Reps.........	168 69	Reps	184 40
Velours	222 09	Velours	268 40
Satin français .	178 69	Satin français.	196 40
Perse	146 73	Perse	157 94
Damas laine et soie	205 09	Damas laine et soie	230 60
Damas de Lyon	320 89	Damas de Lyon	365 60
Peau.........	249 19	Peau.........	285 40
Drap.........	196 94	Drap	221 60
Satin soie uni.	280 89	Satin soie uni.	317 60
Moleskine	159 63	Moleskine	174 14

PASSEMENTERIES

Quantité m. c.		fr. c.
12 »	Lézarde à s.......	10 80
12 »	Biais dents de rat..	18 »
100 »	Boutons à capiton..	2 50

Quantité m. c.		fr. c
12 »	Lézarde uni......	3 84
110 »	Clous dorés........	9 90

p. 100 en plus.	Frais généraux	....
	Bénéfice......	....
	TOTAL...	....

ALBUM N° 7 QUÉTIN

Planche N° 3

PETITE OTTOMANE LOUIS XV

à une devanture de 150

Garnitures tendues

Quantité m. c.		fr. c.
18 50	Sangle	2 22
27 »	Élastique	6 75
4 »	Toile forte	5 »
3 60	— embourrure	3 06
5 30	— blanche	3 44
1 55	Percaline	» 77
8k 500	Crin	48 87
	Façon	26 »
	Coutures et apprêt	4 50
	Clous et ficelle	2 »
	Menus frais	» 25
	Prix en blanc	102 86

Garnitures capitonnées

Quantité m. c.		fr. c.
18 50	Sangle	2 22
27 »	Élastique	6 75
4 »	Toile forte	5 »
» 40	— embourrure	» 34
6 80	— blanche	6 12
1 55	Percaline	» 77
8k 500	Crin	48 87
	Façon	32 »
	Coutures et apprêt	5 »
	Clous et ficelle	2 »
	Menus frais	» 50
	Prix en blanc	109 57

Prix des différents bois avec roulettes

	fr. c.
en Acajou	35 »
en Bois noir	40 »
en Palissandre	65 »

ETOFFES

Tendues

Quantité m. c.	EN	fr. c.
3 20	Damas laine	16 80
3 20	Reps	22 40
6 80	Velours	81 60
3 20	Satin français	28 80
5 70	Perse	14 25
3 35	Damas laine et soie	46 90
8 75	Damas de Lyon	157 50
8 »	Peau ou maroquin	88 »
3 30	Drap	36 30
3 20	Satin soie uni en 140	89 60
4 60	Moleskine	18 40

Capitonnées

Quantité m. c.	EN	fr. c.
4 30	Damas laine	22 57
4 30	Reps	30 10
7 95	Velours	95 40
4 30	Satin français	38 70
6 65	Perse	16 62
4 50	Damas laine et soie	63 »
10 70	Damas de Lyon	192 60
10 1/2	Peau ou maroquin	115 50
4 50	Drap	49 50
4 30	Satin soie uni en 140	120 40
6 »	Moleskine	24 »

Prix net non compris le bois

Tendues

EN	fr. c.
Damas laine	122 92
Reps	134 44
Velours	193 64
Satin français	140 84
Perse	120 37
Damas laine et soie	158 94
Damas de Lyon	275 66
Peau	200 04
Drap	148 34
Satin soie uni	207 76
Moleskine	133 07

Capitonnées

EN	fr. c.
Damas laine	137 65
Reps	151 10
Velours	216 40
Satin français	159 70
Perse	131 70
Damas laine et soie	184 »
Damas de Lyon	319 72
Peau	236 50
Drap	170 50
Satin soie uni	247 52
Moleskine	147 63

PASSEMENTERIES

Quantité m. c.		fr. c.
10 20	Lézarde à s.	9 18
10 20	Biais dent de rat	15 30
90	Boutons à capiton	2 25

Quantité m. c.		fr. c.
10 20	Lézarde uni	3 26
950	Clous dorés	8 55

p. 100 en plus	
Frais généraux	
Bénéfice	
TOTAL	

Planche N° 4

CANAPÉ LOUIS XV

à 3 mouvements

Garnitures tendues

Quantité m. c.		fr. c.	
23 50	Sangle...........	2	82
33 »	Élastique.........	8	25
4 60	Toile forte........	5	75
4 »	— embourrure..	3	40
6 »	— blanche......	3	90
1 80	Percaline.........	»	90
10k500	Crin..............	60	37
	Façon...........	30	»
	Couture et apprêts.	4	50
	Clous et ficelle.. ..	2	50
	Menus frais.......	»	50
	Prix en blanc....	122	89

Garnitures capitonnées

Quantité m. c.		fr. c.	
23 50	Sangle...........	2	82
33 »	Élastique.........	8	25
4 60	Toile forte...... .	5	75
» 60	— embourrure..	»	51
7 50	— blanche......	6	75
1 80	Percaline...... ..	»	90
10k500	Crin..............	60	37
	Façon...........	35	»
	Couture et apprêts.	5	50
	Clous et ficelle.....	2	75
	Menus frais.......	»	50
	Prix en blanc....	129	10

Prix des différents bois avec roulettes

	fr. c.	
A grosses moulures en Acajou....	70	»
Id. en Bois noir..	86	»
Id. en Palissandre	105	»

ETOFFES

Tendues

Quantité m. c.	EN	fr. c.	
5 10	Damas laine.......	26	77
5 10	Reps.............	35	70
8 20	Velours...........	98	40
5 »	Satin français.....	45	»
8 »	Perse.............	20	»
5 20	Damas laine et soie.	72	80
10 »	Damas de Lyon....	180	»
10 1/2	Peau ou maroquin..	115	50
5 80	Drap.............	63	80
5 10	Satin soie uni en 140	142	80
5 75	Moleskine.........	23	»

Capitonnées

Quantité m. c.	EN	fr. c.	
6 10	Damas laine......	32	02
6 10	Reps..	42	70
10 50	Velours...........	126	»
6 »	Satin français......	54	»
9 »	Perse............	22	50
6 30	Damas laine et soie.	88	20
12 »	Damas de Lyon....	216	»
13 »	Peau ou maroquin..	143	»
7 30	Drap.............	80	30
6 »	Satin soie uni en 140	168	»
7 30	Moleskine.........	29	20

Prix net non compris le bois

Tendues

EN	fr. c.	
Damas laine ..	153	50
Reps	169	39
Velours.......	232	09
Satin français.	178	69
Perse..	146	73
Damas laine et soie.	206	49
Damas de Lyon	320	89
Peau....... ..	249	19
Drap.........	197	49
Satin soie uni.	283	69
Moleskine	159	63

Capitonnées

EN	fr. c.	
Damas laine ..	167	46
Reps.........	185	10
Velours......	268	40
Satin français.	196	40
Perse.......	157	94
Damas laine et soie.	230	60
Damas de Lyon	365	60
Peau.........	285	40
Drap.........	222	70
Satin soie uni.	317	60
Moleskine	174	54

PASSEMENTERIES

Quantité m. c.		fr. c.	
12 »	Lézarde à s........	10	80
12 »	Biais dent de rat...	18	»
100	Boutons à capiton..	2	50

Quantité m. c.		fr. c.	
12 »	Lézarde unis......	3	84
1100	Clous dorés.......	9	90

p. 100 en plus.	Frais généraux	....
	Bénéfice......	....
	TOTAL...	....

ALBUM N° 7 QUÉTIN

Planche N° 5

CHAISE A PANNEAU LOUIS XV

Garnitures tendues

Quantité m. c.		fr. c.
3 50	Sangle............	» 42
7 »	Élastiques..	1 40
» 30	Toile forte........	» 37
» 40	— embourrure..	» 34
» 60	— blanche......	» 40
» 50	Percaline.........	» 25
1k »	Crin.....	5 75
	Façon............	3 50
	Coutures et apprêt.	» 50
	Clous et ficelle....	» 50
	Menus frais.......	» 25
	Prix en blanc ...	13 68

Garnitures capitonnées

Quantité m. c.		fr. c.
3 50	Sangle....	» 42
7 »	Elastiques.........	1 40
» 30	Toile forte........	» 37
» 40	— embourrure..	» 34
» 75	— blanche	» 67
» 50	Percaline.........	» 25
1k »	Crin.............	5 75
	Façon....	4 50
	Coutures et apprêt.	» 50
	Clous et ficelle.....	» 50
	Menus frais	» 25
	Prix en blanc....	14 95

Prix des différents bois avec roulettes

	fr. c.
En Acajou	15 50
En Bois noir	18 50
En Palissandre	32 »

ETOFFES

Tendues — Quantité m. c.	en	fr. c.	Capitonnées — Quantité m. c.	en	fr. c.
» 30	Damas laine.......	1 57	» 45	Damas laine.......	2 36
» 30	Reps...	2 10	» 45	Reps............	3 15
» 60	Velours..........	7 20	» 80	Velours..........	9 60
» 30	Satin français......	2 70	» 45	Satin français	4 05
» 65	Perse............	1 62	» 75	Perse............	1 87
» 35	Damas laine et soie.	4 90	» 45	Damas laine et soie.	6 30
» 80	Damas de Lyon....	14 40	» 90	Damas de Lyon....	16 20
1 »	Peau ou maroquin..	11 »	1 »	Peau ou maroquin..	11 »
» 30	Drap............	3 30	» 75	Drap............	8 25
» 30	Satin soie uni en 140	8 40	» 40	Satin soie uni en 140	11 20
» 30	Moleskine........	1 20	» 40	Moleskine........	1 60

Prix net non compris le bois

Tendues en	fr. c.	Capitonnées en	fr. c.
Damas laine...	15 93	Damas laine...	18 39
Reps.........	17 71	Reps...... ...	20 43
Velours	22 81	Velours.......	26 88
Satin français.	18 31	Satin français.	21 33
Perse........	15 98	Perse........	17 90
Damas laine et soie.	20 51	Damas laine et soie.	23 58
Damas de Lyon	31 30	Damas de Lyon	34 77
Peau........	26 61	Peau.........	28 28
Drap.........	18 91	Drap.........	25 53
Satin soie uni.	25 30	Satin soie uni.	29 77
Moleskine	17 31	Moleskine	19 38

PASSEMENTERIES

Quantité m. c.		fr. c.	Quantité m. c.		fr. c.
2 15	Lézarde à s........	1 93	2 15	Lézarde uni	» 68
2 15	Biais dent de rat...	3 22	1 95	Clous dorés	1 75
16	Boutons à capiton..	» 40			

p. 100 en plus.	Frais généraux	....
	Bénéfice......	....
	TOTAL...	....

ALBUM N° 7 QUÉTIN

CHAISE-MÉDAILLON LOUIS XV

Planche Nos 7 & 9

Garnitures tendues

Quantité m. c.		fr. c.
3 50	Sangle............	» 42
8 »	Élastiques.........	1 60
» 50	Toile forte........	» 62
» 70	— embourrure..	» 59
1 10	— blanche.....	» 72
» 55	Percaline.........	» 28
1k500	Crin..............	8 65
	Façon............	9 »
	Couture et apprêt..	1 »
	Clous et ficelle.....	1 25
	Menus frais.......	» 25
	Prix en blanc..	24 38

Garnitures capitonnées

Quantité m. c.		fr. c.
3 50	Sangle...........	» 42
8 »	Élastiques........	1 60
» 50	Toile forte.......	» 62
» 35	— embourrure..	» 30
1 45	— blanche......	1 30
» 55	Percaline.........	» 28
1k500	Crin.............	8 65
	Façon............	11 »
	Couture et apprêt...	1 »
	Clous et ficelle.....	1 25
	Menus frais......	» 50
	Prix en blanc...	26 92

Prix des différents bois avec roulettes

	fr. c.
Un en Acajou........	17 50
Id. en Bois noir.....	20 »
Id en Palissandre....	32 »
Sculpté en Acajou.....	32 50
Id. en Bois noir..	36 »
Id. en Palissandre.	52 »

ETOFFES

Tendues

Quantité m. c.	en	fr. c.
» 80	Damas laine.......	4 25
» 80	Reps............	5 60
1 70	Velours..........	20 40
0 80	Satin français.....	7 20
1 70	Perse...........	4 25
» 85	Damas laine et soie.	11 90
1 75	Damas de Lyon....	31 50
2 »	Peau ou maroquin..	22 »
» 80	Drap............	8 80
» 80	Satin soie uni en 140	22 40
» 80	Moleskine........	3 20

Capitonnées

Quantité m. c.	en	fr. c.
» 95	Damas laine.......	4 98
» 95	Reps............	6 65
1 95	Velours..........	23 40
1 »	Satin français......	9 »
2 »	Perse............	5 »
1 »	Damas laine et soie.	14 »
2 »	Damas de Lyon....	36 »
2 1/2	Peau ou maroquin..	27 50
» 95	Drap..........	10 45
1 »	Satin soie uni en 140	28 »
» 95	Moleskine.........	3 80

Prix net non compris le bois

Tendues en	fr. c.	Capitonnées en	fr. c.
Damas laine ..	29 70	Damas laine...	33 72
Reps.........	33 13	Reps........	37 42
Velours.......	47 93	Velours......	54 17
Satin français.	34 73	Satin français.	39 77
Perse.......	29 75	Perse........	33 74
Damas laine et soie.	39 43	Damas laine et soie.	44 77
Damas de Lyon	61 13	Damas de Lyon	68 87
Peau........	49 53	Peau.........	58 27
Drap........	36 33	Drap.......	41 22
Satin soie uni.	52 05	Satin soie uni.	60 87
Moleskine....	31 60	Moleskine....	35 44

PASSEMENTERIES

Quantité m. c.		fr. c.
3 50	Lézarde à s........	3 15
3 50	Biais dents de rat..	5 25
28	Boutons à capiton..	» 70

Quantité m. c.		fr. c.
3 50	Lézarde unie......	1 12
320	Clous dorés.......	2 90

p. 100 en plus.	Frais généraux	......
	Bénéfice.. ...	......
	TOTAL....	......

ALBUM N° 7 QUÉTIN

FAUTEUIL-MÉDAILLON LOUIS XV

Planche N°s 7 & 9

Garnitures tendues

Quantité m. c.		fr. c.
5 50	Sangle...........	» 66
8 »	Élastiques.........	2 »
» 65	Toile forte........	» 81
» 80	— embourrure..	» 70
1 35	— blanche.....	» 88
» 60	Percaline..........	» 30
2k 100	Crin..............	12 10
	Façon.............	11 »
	Couture et apprêt..	1 »
	Clous et ficelle.....	1 50
	Menus frais.......	» 50
	Prix en blanc...	31 45

Garnitures capitonnées

Quantité m. c.		fr. c.
5 50	Sangle...........	» 66
8 »	Élastiques.........	2 »
» 65	Toile forte........	» 81
» 40	— embourrure..	» 35
1 60	— blanche......	1 45
» 60	Percaline....... ..	» 30
2k 100	Crin..............	12 10
	Façon............	13 »
	Couture et apprêt..	1 25
	Clous et ficelle.....	1 75
	Menus frais.......	» 50
	Prix en blanc...	34 17

Prix des différents bois avec roulettes

		fr. c.
Uni	en Acajou....	27 »
Id.	en Bois noir...	30 »
Id.	en Palissandre.	46 »
Sculpté	en Acajou.....	46 »
Id.	en Bois noir...	50 50
Id.	en Palissandre.	72 »

ETOFFES

Quantité m. c.	Tendues EN	fr. c.	Quantité m. c.	Capitonnées EN	fr. c.
0 95	Damas laine.......	4 98	1 10	Damas laine.....	5 77
0 95	Reps.............	6 65	1 10	Reps...........	7 70
1 90	Velours...........	22 80	2 35	Velours........ ..	28 20
» 95	Satin français.....	8 55	1 10	Satin français.....	9 90
1 95	Perse....	4 87	2 20	Perse.......... ..	5 50
1 »	Damas laine et soie.	14 »	1 15	Damas laine et soie.	16 10
2 05	Damas de Lyon....	36 90	2 80	Damas de Lyon....	50 40
2 1/2	Peau ou maroquin..	27 50	3 »	Peau ou maroquin..	33 »
» 95	Drap.............	10 45	1 10	Drap.............	12 10
» 95	Satin soie uni en 140	26 60	1 10	Satin soie uni en 140	30 80
» 95	Moleskine........	3 80	1 10	Moleskine.........	4 40

Prix net non compris le bois

Tendues EN	fr. c.	Capitonnées EN	fr. c.
Damas laine...	38 22	Damas laine...	42 53
Reps.........	43 14	Reps.........	47 71
Velours......	59 29	Velours......	68 21
Satin français.	45 04	Satin français	49 91
Perse........	38 11	Perse........	42 26
Damas laine et soie.	50 49	Damas laine et soie.	56 11
Damas de Lyon	76 75	Damas de Lyon	93 77
Peau.........	63 99	Peau.........	73 01
Drap.........	46 94	Drap.........	52 11
Satin soie uni.	66 45	Satin soie uni.	74 17
Moleskine....	41 76	Moleskine....	45 88

PASSEMENTERIES

Quantité m. c.		fr. c.	Quantité m. c.		fr. c.
5 60	Lézarde à s.	5 04	5 60	Lézarde unie	1 79
5 60	Biais dents de rat..	8 40	525	Clous dorés.......	4 72
32	Boutons à capiton..	» 80			

p. 100 en plus.	Frais généraux	
	Bénéfice......	
	TOTAL....	

ALBUM N° 7 QUÉTIN

Planche N° 8

CANAPÉ 3 MÉDAILLONS LOUIS XV

de 1m80

Garnitures tendues

Quantité m. c.		fr. c.
26 »	Sangle	3 12
35 »	Élastiques	8 75
2 70	Toile forte.........	3 37
3 20	— embourrure ..	2 72
4 60	— blanche......	2 99
1 80	Percaline	» 90
9k100	Crin	52 32
	Façon	32 »
	Couture et apprêt..	4 »
	Clous et ficelle.....	2 25
	Menus frais	» 50
	Prix en blanc. ..	112 92

Garnitures capitonnées

Quantité m. c.		fr. c.
26 »	Sangle	3 12
35 »	Élastiques	8 75
2 20	Toile forte........	3 37
1 90	— embourrure ..	1 62
5 60	— blanche......	5 04
1 80	Percaline	» 90
9k100	Crin	52 32
	Façon	38 »
	Couture et apprêt..	4 50
	Clous et ficelle.. ..	2 50
	Menus frais	» 50
	Prix en blanc....	120 62

Prix des différents bois avec roulettes

	fr. c.
A moulures en Acajou....	90 »
Id. en Bois noir.... ..	98 »
Id. en Palissandre	120 »
Sculpté en Acajou...............	112 »
Id. en Bois noir	128 »
Id. en Palissandre.........	160 »

ETOFFES

Tendues

Quantité m. c.	EN	fr. c.
4 50	Damas laine.......	25 87
4 50	Reps.............	31 50
7 25	Velours...........	87 »
4 50	Satin français	40 50
6 15	Perse.............	15 37
4 50	Damas laine et soie.	63 »
8 90	Damas de Lyon....	160 20
8 »	Peau ou maroquin..	88 »
5 20	Drap	57 20
4 65	Satin soie uni en 140	130 20
4 65	Moleskine.........	18 60

Capitonnées

Quantité m. c.	EN	fr. c.
4 75	Damas laine.	24 93
4 75	Reps.............	33 25
9 95	Velours...........	119 40
4 75	Satin français	42 75
7 »	Perse.............	17 50
4 75	Damas laine et soie.	66 50
12 20	Damas de Lyon....	219 60
11 »	Peau ou maroquin..	121 »
5 45	Drap	59 95
5 45	Satin soie uni en 140	152 60
5 45	Moleskine	21 80

Prix net non compris le bois

Tendues EN	fr. c.	Capitonnées EN	fr. c.
Damas laine. .	143 11	Damas laine ..	152 42
Reps.........	155 76	Reps.........	167 76
Velours	211 26	Velours	253 91
Satin français .	161 76	Satin français .	177 26
Perse.........	132 61	Perse........	144 99
Damas laine et soie	187 26	Damas laine et soie	201 01
Damas de Lyon	292 02	Damas de Lyon	361 67
Peau.........	212 26	Peau.........	255 51
Drap.........	181 46	Drap.........	194 46
Satin soie uni .	262 02	Satin soie uni .	294 67
Moleskine	145 74	Moleskine	159 19

PASSEMENTERIES

Quantité m. c.		fr. c.	Quantité m. c.		fr. c.
12 60	Lézarde à s........	11 34	12 60	Lézarde unie......	4 32
12 60	Biais dents de rat..	18 90	1100	Clous dorés	9 90
110	Boutons à capiton..	2 55			

p. 100 en plus.	Frais généraux	....
	Bénéfice......	....
	TOTAL....	....

ALBUM N° 7 QUÉTIN — CANAPÉ A HOTTES ET UN MÉDAILLON SCULPTÉ

Planche N° 10

Garnitures tendues

Quantité m. c.		fr. c.
26 »	Sangle	3 12
33 »	Élastiques	8 25
3 80	Toile forte	4 75
4 30	— embourrure	3 65
6 50	— blanche	4 22
1 85	Percaline	» 92
10k500	Crin	60 37
	Façon	35 »
	Couture et apprêt	4 50
	Clous et ficelle	2 25
	Menus frais	» 50
	Prix en blanc	127 53

Garnitures capitonnées

Quantité m. c.		fr. c.
26 »	Sangle	3 12
33 »	Élastiques	8 25
3 80	Toile forte	4 75
1 90	— embourrure	1 61
7 50	— blanche	6 75
1 85	Percaline	» 92
10k500	Crin	60 37
	Façon	40 »
	Couture et apprêt	5 »
	Clous et ficelle	2 50
	Menus frais	» 50
	Prix en blanc	133 77

Prix des différents bois avec roulettes

	fr. c.
En Acajou	126 »
En Bois noir	130 »
En Palissandre	182 »

ETOFFES

Tendues Quantité m. c.	Tendues EN	fr. c.	Capitonnées Quantité m. c.	Capitonnées EN	fr. c.
5 25	Damas laine	27 56	6 25	Damas laine	32 81
5 25	Reps	36 75	6 25	Reps	43 75
8 80	Velours	105 60	11 »	Velours	132 »
5 25	Satin français	47 25	6 25	Satin français	56 25
8 50	Perse	21 25	10 »	Perse	25 »
5 25	Damas laine et soie	73 50	6 25	Damas laine et soie	87 50
10 50	Damas de Lyon	189 »	15 50	Damas de Lyon	279 »
9 »	Peau ou maroquin	99 »	12 1/2	Peau ou maroquin	137 50
6 20	Drap	68 20	7 10	Drap	78 10
5 75	Satin soie uni en 140	161 »	6 50	Satin soie uni en 140	182 »
5 75	Moleskine	23 »	6 50	Moleskine	26 »

Prix net non compris le bois

Tendues EN	fr. c.	Capitonnées EN	fr. c.
Damas laine	160 21	Damas laine	174 95
Reps	178 68	Reps	195 17
Velours	247 53	Velours	283 42
Satin français	189 18	Satin français	207 67
Perse	153 90	Perse	167 14
Damas laine et soie	215 43	Damas laine et soie	238 92
Damas de Lyon	340 53	Damas de Lyon	440 02
Peau	240 93	Peau	288 92
Drap	210 13	Drap	229 52
Satin soie uni	312 53	Satin soie uni	343 02
Moleskine	168 70	Moleskine	181 19

PASSEMENTERIES

Quantité m. c.		fr. c.	Quantité m. c.		fr. c.
16 »	Lézarde à s.	14 40	16 »	Lézarde unie	5 12
16 »	Biais dents de rat	24 »	1450	Clous doré	13 05
130	Boutons à capitons	3 25			

p. 100 en plus { Frais généraux ... / Bénéfice ...

TOTAL ...

ALBUM N° 7 QUÉTIN

Planche n° 11

FAUTEUIL DE BUREAU

à rampe garnie

Garnitures tendues

Quantité m. c.		fr. c.
5 50	Sangle	» 66
8 »	Élastiques	1 60
» 40	Toile forte	» 50
» 45	— embourrure	» 38
1 10	— blanche	» 71
» 60	Percaline	» 30
2k »	Crin	11 50
	Façon	8 »
	Couture et apprêt	1 »
	Clous et ficelle	1 »
	Menus frais	» 25
	Prix en blanc	25 90

Garnitures capitonnées

Quantité m. c.		fr. c.
5 50	Sangle	» 66
8 »	Élastiques	1 60
» 40	Toile forte	» 50
» 45	— embourrure	» 38
1 20	— blanche	1 08
» 60	Percaline	» 30
2k »	Crin	11 50
	Façon	10 »
	Couture et apprêt	1 25
	Clous et ficelle	1 25
	Menus frais	» 25
	Prix en blanc	28 77

Prix des différents bois avec roulettes

	fr. c.
Uni en Acajou	28 »
Id. en Bois noir	30 »

ÉTOFFES

Tendues

Quantité m. c.	en	fr. c.
1 30	Velours	15 60
1 1/2	Peau ou maroquin	16 50
» 65	Drap	7 15
» 65	Moleskine	2 60

Capitonnées

Quantité m. c.	en	fr. c.
1 50	Velours	18 »
2 »	Peau ou maroquin	22 »
» 85	Drap	9 35
» 85	Moleskine	3 40

Prix net non compris le bois

Tendues

en	fr. c.
Velours	46 45
Peau	47 35
Drap	38 »
Moleskine	34 70

Capitonnées

en	fr. c.
Velours	52 27
Peau	56 27
Drap	43 62
Moleskine	38 98

PASSEMENTERIES

Quantité m. c.		fr. c.
5 50	Lézarde à s.	4 95
23	Boutons à capiton	» 55

Quantité m. c.		fr. c.
5 50	Lézarde unie	1 76
500	Clous dorés	4 50

p. 100 en plus.	Frais généraux	
	Bénéfice	
	TOTAL	

ALBUM N° 7 QUÉTIN

Planche N° 11

FAUTEUIL DE BUREAU

à consoles

Garnitures tendues			Garnitures capitonnées		
Quantité m. c.		fr. c.	Quantité m. c.		fr. c.
5 50	Sangle	» 66	5 50	Sangle	» 66
8 »	Élastiques	1 60	8 »	Élastiques	1 60
» 40	Toile forte	» 50	» 40	Toile forte	» 50
» 45	— embourrure	» 38	» 45	— embourrure	» 38
1 10	— blanche	» 71	1 20	— blanche	1 08
» 60	Percaline	» 30	» 60	Percaline	» 30
2k »	Crin	11 50	2k »	Crin	11 50
	Façon	8 »		Façon	10 »
	Couture et apprêt	1 »		Couture et apprêt	1 25
	Clous et ficelle	1 »		Clous et ficelle	1 25
	Menus frais	» 25		Menus frais	» 25
	Prix en blanc	25 90		Prix en blanc	28 77

Prix des différents bois avec roulettes

	fr. c.
En Acajou	34 »
En Bois noir	37 »

ETOFFES

Tendues			Capitonnées		
Quantité m. c.	EN	fr. c.	Quantité m. c.	EN	fr. c.
1 30	Velours	15 60	1 60	Velours	19 20
1 1/2	Peau ou maroquin	16 50	2 »	Peau ou maroquin	22 »
» 65	Drap	7 15	» 85	Drap	9 35
» 65	Moleskine	2 60	» 85	Moleskine	3 40

Prix net non compris le bois

Tendues EN	fr. c.	Capitonnées EN	fr. c.
Velours	46 45	Velours	53 47
Peau	47 35	Peau	56 27
Drap	38 »	Drap	43 62
Moleskine	34 76	Moleskine	38 98

PASSEMENTERIES

Quantité m. c.		fr. c.	Quantité m. c.		fr. c.
5 50	Lézarde à s.	4 95	5 50	Lézarde unie	1 76
23	Boutons à capiton	» 55	500	Clous dorés	4 50

p. 100 en plus		
	Frais généraux	
	Bénéfice	
	TOTAL	

ALBUM N° 7 QUÉTIN

CHAISE DE SALLE A MANGER LOUIS XIII

Planche N° 12

Garnitures tendues

Quantité m. c.		fr. c.
3 50	Sangle............	» 42
7 »	Élastiques	1 40
» 60	Toile forte.......	» 75
» 65	— embourrure..	» 55
1 10	— blanche	» 71
» 55	Percaline	» 27
1k 800	Crin..............	10 35
	Façon	9 »
	Couture et apprêt..	» 50
	Clous et ficelle.....	1 »
	Menus frais.......	» 25
	Prix en blanc...	25 20

Garnitures capitonnées

Quantité m. c.		fr. c.
3 50	Sangle............	» 42
7 »	Élastiques	1 40
» 60	Toile forte........	» 75
» 35	— embourrure..	» 30
1 25	— blanche	1 12
» 55	Percaline	» 27
1k 800	Crin...	10 35
	Façon	11 »
	Couture et apprêt..	» 75
	Clous et ficelle.....	1 »
	Menus frais	» 25
	Prix en blanc...	27 61

Prix des différents bois avec roulettes

	fr. c.
en Acajou	32 »
en Bois noir	35 »
en vieux Chêne	28 »

ETOFFES

Tendues

Quantité m. c.	EN	fr. c.
1 25	Velours...........	15 »
1 1/2	Peau ou maroquin .	16 50
» 35	Drap	3 85
» 35	Moleskine..	1 40

Capitonnées

Quantité m. c.	EN	fr. c.
1 60	Velours...........	19 20
2 »	Peau ou maroquin..	22 »
» 75	Drap	8 25
» 75	Moleskine...	3 »

Prix net non compris le bois

Tendues

EN	fr. c.
Velours	43 80
Peau..........	45 30
Drap...... ..	32 65
Moleskine . ..	31 12

Capitonnées

EN	fr. c.
Velours	50 86
Peau...... ...	53 66
Drap....... .	39 91
Moleskine	35 58

PASSEMENTERIES

Quantité m. c.		fr. c.
4 »	Lézarde à s........	3 60
18	Boutons à capiton..	» 45

Quantité m. c.		fr. c.
4 »	Lézarde unie	1 28
360	Clous dorés	3 24

p. 100 en plus.	Frais généraux	
	Bénéfice.... .	
	TOTAL....	

ALBUM N° 7 QUÉTIN

Planche N° 12

CHAISE DE SALLE A MANGER

genre renaissance

Garnitures tendues

Quantité m. c.		fr. c.
3 50	Sangle	» 42
7 »	Élastiques	1 40
» 60	Toile forte	» 75
» 65	— embourrure	» 55
1 10	— blanche	» 71
» 60	Percaline	» 30
2k »	Crin	11 50
	Façon	9 »
	Couture et apprêt	» 75
	Clous et ficelle	» 75
	Menus frais	» 25
	Prix en blanc	26 38

Garnitures capitonnées

Quantité m. c.		fr. c.
3 50	Sangle	» 42
7 »	Élastiques	1 40
» 60	Toile forte	» 75
» 65	— embourrure	» 55
1 25	— blanche	1 12
» 60	Percaline	» 30
2k »	Crin	11 50
	Façon	11 »
	Couture et apprêt	1 »
	Clous et ficelle	» 75
	Menus frais	» 25
	Prix en blanc	29 04

Prix des différents bois avec roulettes

	fr. c.
En Acajou	32 »
Noyer, Bois noir	34 »

ÉTOFFES

Tendues

Quantité m. c.	en	fr. c.
1 55	Velours	18 60
2 »	Peau ou maroquin	22 »
» 65	Drap	7 15
» 65	Moleskine	2 60

Capitonnées

Quantité m. c.	en	fr. c.
1 75	Velours	21 »
2 1/2	Peau ou maroquin	27 50
» 85	Drap	9 35
» 85	Moleskine	3 40

Prix net non compris le bois

Tendues

en	fr. c
Velours	49 03
Peau	52 43
Drap	37 58
Moleskine	34 12

Capitonnées

en	fr. c.
Velours	54 69
Peau	61 19
Drap	43 04
Moleskine	38 18

PASSEMENTERIES

Quantité m. c.		fr. c.
4 50	Lézarde à s	4 05
24	Boutons à capiton	» 60

Quantité m. c.		fr. c.
4 50	Lézarde unie	1 54
400	Clous dorés	3 60

p. 100 en plus.	Frais généraux	
	Bénéfice	
	TOTAL	

ALBUM N° 7 QUÉTIN

Planche N° 13

CHAISE LOUIS XVI

à dossier garni

Garnitures tendues

Quantité m. c.		fr. c.
3 50	Sangle............	» 42
7 »	Élastiques.........	1 40
» 60	Toile forte........	» 75
» 70	— embourrure..	» 59
» 85	— blanche......	» 55
» 55	Percaline.........	» 27
2k »	Crin......	11 50
	Façon............	11 »
	Couture et apprêt..	1 »
	Clous et ficelle.....	1 25
	Menus frais.......	» 25
	Prix en blanc ...	28 98

Garnitures capitonnées

Quantité m. c.		fr. c.
3 50	Sangle............	» 42
7 »	Elastiques.........	1 40
» 60	Toile forte........	» 75
» 33	— embourrure..	» 28
1 20	— blanche	1 08
» 55	Percaline.........	» 27
2k »	Crin..............	11 50
	Façon....	13 »
	Couture et apprêt..	1 »
	Clous et ficelle.....	1 25
	Menus frais	» 25
	Prix en blanc....	31 20

Prix des différents bois avec roulettes

	fr. c.
A moulures en Bois noir......	50 »
Id. en Palissandre....	70 »
Id. en Bois doré......	80 »
Sculpté en Bois noir..........	65 »
Id. en Palissandre	85 »
Id. en Bois doré	95 »

ETOFFES

Tendues

Quantité m. c.	EN	fr. c.
1 55	Velours...........	18 60
» 80	Satin français......	7 20
» 80	Damas laine et soie.	11 20
1 75	Damas de Lyon....	31 50
2 »	Peau ou maroquin..	22 »
» 75	Drap.............	8 25
» 75	Satin soie uni en 140	21 »
» 70	Moleskine.........	2 80

Capitonnées

Quantité m. c.	EN	fr. c.
1 75	Velours..........	21 »
1 05	Satin français	9 45
» 95	Damas laine et soie.	13 30
2 05	Damas de Lyon....	36 90
2 1/2	Peau ou maroquin..	27 50
» 90	Drap.............	9 90
» 85	Satin soie uni en 140	23 80
» 80	Moleskine.........	3 20

Prix net non compris le bois

Tendues EN	fr. c.	Capitonnées EN	fr. c.
Velours	51 09	Velours.......	56 41
Satin français .	39 69	Satin français.	44 86
Damas laine et soie.	43 69	Damas laine et soie.	48 71
Damas de Lyon	66 33	Damas de Lyon	74 65
Peau...	54 49	Peau.........	62 91
Drap.........	40 74	Drap.........	45 31
Satin soie uni.	55 83	Satin soie uni.	61 55
Moleskine....	35 90	Moleskine	39 22

PASSEMENTERIES

Quantité m. c.		fr. c.	Quantité m. c.		fr. c.
3 90	Lézarde à s........	3 51	3 90	Lézarde unie......	1 24
3 90	Biais dents de rat..	5 85	320	Clous dorés.......	2 88
28	Boutons à capiton..	» 70			

p. 100 en plus.	Frais généraux	....
	Bénéfice......	....
	TOTAL. ..	....

ALBUM N° 7 QUÊTIN

FAUTEUIL LOUIS XVI

Planche N° 13

Quantité m. c.	Garnitures tendues	fr. c.	Quantité m. c.	Garnitures capitonnées	fr. c.
5 »	Sangle	» 60	5 »	Sangle	» 60
8 »	Élastiques	2 »	8 »	Élastiques	2 »
» 60	Toile forte	» 75	» 60	Toile forte	» 75
» 80	— embourrure	» 68	» 40	— embourrure	» 34
1 35	— blanche	» 87	1 50	— blanche	1 35
» 65	Percaline	» 32	» 65	Percaline	» 32
2k500	Crin	14 37	2k500	Crin	14 37
	Façon	13 »		Façon	15 »
	Couture et apprêt	1 25		Couture et apprêt	1 25
	Clous et ficelle	1 25		Clous et ficelle	1 25
	Menus frais	» 50		Menus frais	» 50
	Prix en blanc	35 59		Prix en blanc	37 73

Prix des différents bois avec roulettes

	fr. c.
A moulures en Bois noir	70 »
Id. en Palissandre	100 »
Id en Bois doré	115 »
Sculpté en Bois noir	90 »
Id. en Palissandre	120 »
Id. en Bois doré	135 »

ETOFFES

Quantité m. c.	Tendues en	fr. c.	Quantité m. c.	Capitonnées en	fr. c.
1 90	Velours	22 80	2 20	Velours	26 40
1 05	Satin français	9 45	1 15	Satin français	10 35
1 05	Damas laine et soie	14 70	1 15	Damas laine et soie	16 10
2 50	Damas de Lyon	45 »	2 90	Damas de Lyon	52 20
2 1/2	Peau ou maroquin	27 50	3 »	Peau ou maroquin	33 »
1 10	Drap	12 10	1 45	Drap	15 95
1 »	Satin soie uni en 140	28 »	1 15	Satin soie uni en 140	32 20
1 05	Moleskine	4 20	1 45	Moleskine	5 80

Prix net non compris le bois

Tendues en	fr. c.	Capitonnées en	fr. c.
Velours	63 79	Velours	70 28
Satin français	50 44	Satin français	54 23
Damas laine et soie	55 69	Damas laine et soie	59 98
Damas de Lyon	89 59	Damas de Lyon	99 68
Peau	68 49	Peau	76 88
Drap	53 09	Drap	59 83
Satin soie uni	72 59	Satin soie uni	79 68
Moleskine	46 66	Moleskine	51 15

PASSEMENTERIES

Quantité m. c.		fr. c.	Quantité m. c.		fr. c.
6 »	Lézarde à s	5 40	6 »	Lézarde unie	1 92
6 »	Biais dents de rat	9 »	550	Clous dorés	4 95
30	Boutons à capiton	» 75			

p. 100 en plus	Frais généraux	
	Bénéfice	
	TOTAL	

ALBUM N° 7 QUÉTIN

Planche N° 14

CANAPÉ LOUIS XVI

De 1m 60.

Garnitures tendues

Quantité m. c.		fr. c.
20 50	Sangle	2 46
33 »	Élastiques	8 25
2 60	Toile forte	3 25
2 90	— embourure	2 46
3 50	— blanche	2 27
1 65	Percaline	» 82
11k »	Crin	63 25
	Façon	32 »
	Couture et apprêt	4 25
	Clous et ficelle	2 50
	Menus frais	» 75
	Prix en blanc	122 26

Garnitures capitonnées

Quantité m. c.		fr. c.
20 50	Sangle	2 46
33 »	Élastiques	8 25
2 60	Toile forte	3 25
1 90	— embourure	1 61
5 20	— blanche	4 68
1 65	Percaline	» 82
11k »	Crin	63 25
	Façon	38 »
	Couture et apprêt	4 50
	Clous et ficelle	2 75
	Menus frais	1 «
	Prix en blanc	130 57

Prix des différents bois avec roulettes

		fr. c.
A moulures	en Bois noir	145 »
Id.	en Palissandre	205 »
Id.	en Bois doré	250 »
Sculpté	en Bois noir	175 »
Id.	en Palissandre	235 »
Id.	en Bois doré	280 »

ÉTOFFES

Tendues en

Quantité m. c.		fr. c.
6 80	Velours	81 60
3 45	Satin français	31 05
3 60	Damas laine et soie	50 40
8 60	Damas de Lyon	154 80
8 »	Peau ou maroquin	88 »
3 35	Drap	36 85
3 45	Satin soie uni en 140	96 60
3 50	Moleskine	14 »

Capitonnées en

Quantité m. c.		fr. c.
9 85	Velours	118 20
5 60	Satin français	50 40
5 85	Damas laine et soie	81 90
11 50	Damas de Lyon	207 »
13 »	Peau ou maroquin	143 »
5 60	Drap	61 60
5 60	Satin soie uni en 140	156 80
5 60	Moleskine	22 40

Prix net non compris le bois

Tendues en	fr. c.	Capitonnées en	fr. c.
Velours	213 76	Velours	261 67
Satin français	163 21	Satin français	193 87
Damas laine et soie	182 56	Damas laine et soie	225 37
Damas de Lyon	293 56	Damas de Lyon	357 07
Peau	220 16	Peau	286 47
Drap	169 01	Drap	205 07
Satin soie uni	235 36	Satin soie uni	306 87
Moleskine	143 78	Moleskine	168 49

PASSEMENTERIES

Quantité m. c.		fr. c.
11 »	Lézarde à s.	9 90
11 »	Biais dents de rat	16 50
120	Boutons à capiton	3 »
11 »	Lézarde unie	3 52
1000	Clous dorés	9 »

p. 100 en plus	Frais généraux	
	Bénéfice	
	Total	

ALBUM N° 7 QUÉTIN

FAUTEUIL VOLTAIRE LOUIS XV

Planche N° 15

Garnitures tendues			Garnitures capitonnées		
Quantité m. c.		fr. c.	Quantité m. c.		fr. c.
7 »	Sangle	» 84	7 »	Sangle	» 84
9 »	Élastiques	1 80	9 »	Élastiques	1 80
» 80	Toile forte	1 »	» 80	Toile forte	1 »
» 90	— embourrure	» 76	» 50	— embourrure	» 42
1 70	— blanche	1 10	2 »	— blanche	1 80
» 65	Percaline	» 32	» 65	Percaline	» 32
3k600	Crin	20 70	2k600	Crin	20 70
	Façon	10 »		Façon	12 »
	Couture et apprêt	1 »		Couture et apprêt	1 50
	Clous et ficelle	1 50		Clous et ficelle	1 75
	Menus frais	» 50		Menus frais	» 50
	Prix en blanc	39 52		Prix en blanc	42 63

Prix des différents bois avec roulettes

	fr. c.
Bois Acajou sans moulures	18 »
Id. à moulures	22 »
Id. à violon	30 »

ÉTOFFES

Tendues			Capitonnées		
Quantité m. c.	EN	fr. c.	Quantité m. c.	EN	fr. c.
1 30	Damas laine	6 82	1 90	Damas laine	9 97
1 30	Reps	9 10	1 90	Reps	13 30
2 85	Velours	34 20	4 »	Velours	48 »
1 40	Damas laine et soie	19 60	1 95	Damas laine et soie	27 30
3 1/2	Peau ou maroquin	38 50	5 1/2	Peau ou maroquin	60 50
1 40	Drap	15 40	1 95	Drap	21 45
1 35	Moleskine	5 40	1 95	Moleskine	7 80

Prix net non compris le bois

Tendues		Capitonnées	
EN	fr. c.	EN	fr. c.
Damas laine	48 83	Damas laine	55 79
Reps	55 64	Reps	63 65
Velours	80 74	Velours	98 35
Damas laine et soie	66 14	Damas laine et soie	77 65
Peau	85 04	Peau	110 85
Drap	61 94	Drap	71 80
Moleskine	52 81	Moleskine	59 02

PASSEMENTERIES

Quantité m. c.		fr. c.	Quantité m. c.		fr. c.
7 80	Lézarde à s.	7 02	7 80	Lézarde unie	2 49
28	Boutons à capiton	» 70	600	Clous dorés	5 40

p. 100 en plus.	
Frais généraux	
Bénéfice	
TOTAL	

ALBUM N° 7 QUÉTIN

FAUTEUIL CONFORTABLE LOUIS XV

Planche n° 16

Garnitures tendues

Quantité m. c.		fr. c.
6 50	Sangle	» 78
9 »	Élastiques	1 80
1 55	Toile forte	1 93
1 90	— embourrure	1 61
2 80	— blanche	1 82
» 70	Percaline	» 35
4k200	Crin	24 15
	Façon	13 »
	Couture et apprêt	1 25
	Clous et ficelle	1 75
	Menus frais	» 50
	Prix en blanc	48 94

Garnitures capitonnées

Quantité m. c.		fr. c.
6 50	Sangle	» 78
9 »	Élastiques	1 80
1 55	Toile forte	1 93
» 45	— embourrure	» 38
3 50	— blanche	3 15
» 70	Percaline	» 35
4k200	Crin	24 15
	Façon	16 »
	Couture et apprêt	2 »
	Clous et ficelle	1 75
	Menus frais	» 50
	Prix en blanc	52 79

Prix des différents bois avec roulettes

	fr. c.
A moulures en Acajou	30 »
Id. en Bois noir	34 »
Id. en Palissandre	50 »
Sculpté en Acajou	44 »
Id. en Bois noir	48 »
Id. en Palissandre	70 »

ÉTOFFES

Tendues

Quantité m. c.	EN	fr. c.
2 05	Reps	14 35
3 30	Velours	39 60
2 15	Satin français	19 35
2 10	Damas laine et soie	29 40
4 1/2	Peau ou maroquin	49 50
2 10	Moleskine	8 40

Capitonnées

Quantité m. c.	EN	fr. c.
2 35	Reps	16 45
4 50	Velours	54 »
2 40	Satin français	21 60
2 50	Damas laine et soie	35 »
6 »	Peau ou maroquin	66 »
2 50	Moleskine	10 »

Prix net non compris le bois

Tendues EN	fr. c.	Capitonnées EN	fr. c.
Reps	71 39	Reps	78 24
Velours	96 64	Velours	115 79
Satin français	76 39	Satin français	83 39
Damas laine et soie	86 44	Damas laine et soie	96 79
Peau	106 54	Peau	127 79
Moleskine	67 37	Moleskine	73 72

PASSEMENTERIES

Quantité m. c.		fr. c.	Quantité m. c.		fr. c.
9 »	Lézarde à s.	8 10	9 »	Lézarde unie	2 88
38	Boutons à capiton	» 90	795	Clous dorés	7 15

p. 100 en plus.	Frais généraux	....
	Bénéfice	....
	TOTAL	....

ALBUM N° 7 QUÉTIN

Planche N° 28

CANAPÉ LOUIS XV CABRIOLET

de 1m 60

Garnitures tendues

Quantité m. c.		fr. c.
26 »	Sangle	3 12
34 »	Élastiques	8 50
2 50	Toile forte	3 12
2 60	— embourrure	2 21
3 60	— blanche	3 64
1 60	Percaline	» 80
10k »	Crin	57 50
	Façon	30 »
	Couture et apprêt	4 50
	Clous et ficelle	3 50
	Menus frais	1 »
	Prix en blanc	117 89

Garnitures capitonnées

Quantité m. c.		fr. c.
26 »	Sangle	3 12
34 »	Élastiques	8 50
2 50	Toile forte	3 12
1 80	— embourrure	1 53
5 »	— blanche	4 50
1 60	Percaline	» 80
10k »	Crin	57 50
	Façon	38 »
	Couture et apprêt	5 50
	Clous et ficelle	4 50
	Menus frais	1 »
	Prix en blanc	128 07

Prix des différents bois avec roulettes

	fr. c.
Sculpté en Bois noir	140 »
Id. en Palissandre	192 »
Id. en Bois doré	232 »

ETOFFES

Tendues

Quantité m. c.	EN	fr. c.
3 25	Reps	22 75
5 95	Velours	71 40
3 25	Satin français	29 25
4 50	Perse	11 25
3 25	Damas laine et soie	45 50
8 »	Damas de Lyon	144 »
10 »	Peau ou maroquin	110 »
5 30	Drap	58 30
3 25	Satin soie uni en 140	91 »
5 »	Moleskine	20 »

Capitonnées

Quantité m. c.	EN	fr. c.
4 35	Reps	30 45
7 50	Velours	90 »
4 35	Satin français	39 15
6 85	Perse	17 12
4 35	Damas laine et soie	61 90
10 »	Damas de Lyon	180 »
14 »	Peau ou maroquin	154 »
6 »	Drap	66 »
4 25	Satin soie uni en 140	119 »
6 »	Moleskine	24 »

Prix net non compris le bois

Tendues EN	fr. c.	Capitonnées EN	fr. c.
Reps	149 64	Reps	170 77
Velours	198 29	Velours	230 32
Satin français	156 14	Satin français	179 47
Perse	132 34	Perse	151 64
Damas laine et soie	172 39	Damas laine et soie	202 22
Damas de Lyon	276 89	Damas de Lyon	326 32
Peau	236 89	Peau	294 32
Drap	185 19	Drap	206 32
Satin soie uni	223 89	Satin soie uni	265 32
Moleskine	149 59	Moleskine	167 02

PASSEMENTERIES

Quantité m. c.		fr. c.	Quantité m. c.		fr. c.
10 »	Lézarde à s	9 »	10 »	Lézarde unie	3 20
10 »	Biais dents de rat	15 »	950	Clous dorés	8 50
130	Boutons à capiton	3 25			

p. 100 en plus.	Frais généraux	
	Bénéfice	
	TOTAL	

ALBUM N° 7 QUÉTIN

FAUTEUIL LOUIS XV CABRIOLET

Planche N° 27

Garnitures tendues

Quantité m. c.		fr. c.
5 50	Sangle...........	» 66
8 »	Élastiques.........	1 60
» 65	Toile forte........	» 81
» 75	— embourrure..	» 63
1 30	— blanche	» 84
» 55	Percaline.........	» 27
1k800	Crin.............	10 35
	Façon...........	11 »
	Couture et apprêt..	1 25
	Clous et ficelle.....	1 25
	Menus frais.......	» 50
	Prix en blanc....	29 16

Garnitures capitonnées

Quantité m. c.		fr. c.
5 50	Sangle	» 66
8 »	Élastiques.........	1 60
» 65	Toile forte.......	» 81
» 40	— embourrure ..	» 34
1 60	— blanche.. ...	1 44
» 55	Percaline.........	» 27
1k800	Crin..............	10 35
	Façon	13 »
	Couture et apprêt..	1 50
	Clous et ficelle.....	1 50
	Menus frais	» 50
	Prix en blanc....	31 97

Prix des différents bois avec roulettes

		fr. c.
Sculpté	en Bois noir.... ..	66 »
Id.	en Palissandre.....	82 »
Id.	en Bois doré	102 »

ETOFFES

Tendues

Quantité m. c.	EN	fr. c.
» 90	Reps............	6 30
1 85	Velours...........	22 20
» 95	Satin français	8 55
1 95	Perse.............	4 87
1 »	Damas laine et soie.	14 »
2 »	Damas de Lyon....	36 »
21/2	Peau ou maroquin..	27 50
» 90	Drap.............	9 90
» 90	Satin soie uni en 140	25 20
» 90	Moleskine.........	3 60

Capitonnées

Quantité m. c.	EN	m. c.
1 10	Reps.............	7 70
2 20	Velours...........	26 40
1 10	Satin français	9 90
2 15	Perse...	5 37
1 10	Damas laine et soie.	15 40
2 75	Damas de Lyon....	49 50
3 »	Peau ou maroquin..	33 »
1 10	Drap.............	12 10
1 10	Satin soie uni en 140	30 80
1 10	Moleskine.........	4 40

Prix net non compris le bois

Tendues EN	fr. c.	Capitonnées EN	fr. c.
Reps..... ...	40 41	Reps.........	45 32
Velours	56 31	Velours	64 02
Satin français .	42 66	Satin français .	47 52
Perse........	35 79	Perse.......	39 80
Damas laine et soie	48 11	Damas laine et soie	53 02
Damas de Lyon	73 41	Damas de Lyon	90 42
Peau.........	61 61	Peau...	70 62
Drap.........	44 01	Drap....	49 72
Satin soie uni .	62 61	Satin soie uni .	71 72
Moleskine	39 02	Moleskine	43 33

PASSEMENTERIES

Quantité m. c.		fr. c.
5 50	Lézarde à *s*........	4 95
5 50	Biais dents de rat..	8 25
28	Boutons à capitons.	» 70

Quantité m. c.		fr. c.
5 50	Lézarde unie......	1 76
500	Clous doré	4 50

p. 100 en plus.	Frais généraux	....
	Bénéfice......	....
	TOTAL....	....

ALBUM N° 7 QUÉTIN

Planche N° 27

CHAISE LOUIS XV CABRIOLET

Garnitures tendues

Quantité m. c.		fr. c.
3 70	Sangle	» 44
7 »	Élastiques	1 40
» 50	Toile forte	» 62
» 70	— embourrure	» 59
1 10	— blanche	» 71
» 55	Percaline	» 27
1k400	Crin	8 05
	Façon	9 »
	Couture et apprêt	1 »
	Clous et ficelle	1 »
	Menus frais	» 50
	Prix en blanc	23 58

Garnitures capitonnées

Quantité m. c.		fr. c.
3 70	Sangle	» 44
7 »	Élastiques	1 40
» 50	Toile forte	» 62
» 40	— embourrure	» 34
1 45	— blanche	1 30
» 55	Percaline	» 27
1k400	Crin	8 05
	Façon	11 »
	Couture et apprêt	1 »
	Clous et ficelle	1 25
	Menus frais	» 50
	Prix en blanc	26 17

Prix des différents bois avec roulettes

	fr. c.
Sculpté en Bois noir	45 »
Id. en Palissandre	62 »
Id. en Bois doré	76 »

ETOFFES

Tendues

Quantité m. c.	EN	fr. c.
» 80	Reps	5 60
1 70	Velours	20 40
» 80	Satin français	7 20
1 70	Perse	4 25
» 85	Damas laine et soie	11 90
1 70	Damas de Lyon	30 60
2 »	Peau ou maroquin	22 »
» 80	Drap	8 80
» 80	Satin soie uni en 140	22 40
» 80	Moleskine	3 20

Capitonnées

Quantité m. c.	EN	fr. c.
» 95	Reps	6 65
1 95	Velours	23 40
1 »	Satin français	9 »
2 »	Perse	5 »
1 »	Damas laine et soie	14 »
2 »	Damas de Lyon	36 »
2 1/2	Peau ou maroquin	27 50
» 95	Drap	10 45
1 »	Satin soie uni en 140	28 »
» 95	Moleskine	3 80

Prix net non compris le bois

Tendues EN	fr. c.	Capitonnées EN	fr. c.
Reps	32 24	Reps	36 58
Velours	47 04	Velours	53 33
Satin français	33 84	Satin français	38 93
Perse	28 91	Perse	32 95
Damas laine et soie	38 54	Damas laine et soie	43 93
Damas de Lyon	59 28	Damas de Lyon	67 97
Peau	48 64	Peau	57 43
Drap	35 44	Drap	40 38
Satin soie uni	51 08	Satin soie uni	59 97
Moleskine	30 69	Moleskine	34 58

PASSEMENTERIES

Quantité m. c.		fr. c.
3 40	Lézarde à s	3 06
3 40	Biais dents de rat	5 10
28	Boutons à capiton	» 70

Quantité m. c.		fr. c.
3 40	Lézarde unie	1 08
315	Clous dorés	2 83

p. 100 en plus.	Frais généraux	
	Bénéfice	
	TOTAL	

ALBUM N° 7 QUÉTIN

Planche N° 24

DIVAN A ACCOTTOIRS 3 OREILLERS

Longueur 1m 80

Garnitures tendues

Quantité m. c.		fr. c.
31 30	Sangle	3 75
39 »	Élastiques	9 75
1 90	Toile forte	2 37
4 10	— embourrure	3 48
7 »	— blanche	4 55
2 »	Percaline	1 »
11k500	Crin	66 12
	Façon	30 »
	Couture et apprêt	12 »
	Clous et ficelle	2 50
	Menus frais	» 50
	Prix en blanc	136 02

Garnitures capitonnées

Quantité m. c.		fr. c.
31 30	Sangle	3 75
39 »	Élastiques	9 75
1 90	Toile forte	2 37
2 »	— embourrure	1 70
10 50	— blanche	9 45
2 »	Percaline	1 »
11k500	Crin	66 12
	Façon	38 »
	Couture et apprêt	14 »
	Clous et ficelle	3 »
	Menus frais	» 50
	Prix en blanc	149 64

Prix des différents bois avec roulettes

	fr. c.
Bois Acajou	60 »
Bois noir	70 »

ETOFFES

Tendues

Quantité m. c.	EN	fr. c.
5 05	Reps	35 35
11 60	Velours	139 20
8 30	Perse	20 75
5 15	Damas laine et soie	72 10
6 45	Moleskine	25 80

Capitonnées

Quantité m. c.	EN	fr. c.
6 30	Reps	44 10
13 60	Velours	163 20
10 50	Perse	26 25
6 30	Damas laine et soie	88 20
5 70	Moleskine	22 80

Prix net non compris le bois

Tendues EN	fr. c.	Capitonnées EN	fr. c.
Reps	183 82	Reps	208 69
Velours	287 67	Velours	327 79
Perse	137 94	Perse	189 56
Damas laine et soie	224 67	Damas laine et soie	256 89
Moleskine	172 99	Moleskine	186 11

PASSEMENTERIES

Quantité m. c.		fr. c.	Quantité m. c.		fr. c.
2 20	Lézarde à s	1 98	8 40	Ganse pour oreiller	2 52
2 20	Lézarde unie	» 70	12 »	Cartisannes	4 80
100	Boutons à capiton	2 50	3 50	Cablé	3 15

p. 100 en plus.		
	Frais généraux	
	Bénéfice	
	TOTAL	

ALBUM N° 7 QUÉTIN

CHAISE LOUIS XIV

Planche N° 29

Garnitures tendues

Quantité m. c.		fr. c.
5 »	Sangle	» 60
9 »	Élastiques	1 80
» 75	Toile forte	» 93
» 75	— embourrure	» 63
1 »	— blanche	» 65
» 60	Percaline	» 30
2k »	Crin	11 50
	Façon	10 »
	Couture et apprêt	1 »
	Clous et ficelle	1 »
	Menus frais	» 25
	Prix en blanc	28 66

Garnitures capitonnées

Quantité m. c.		fr. c.
5 »	Sangle	» 60
9 »	Élastiques	1 80
» 75	Toile forte	» 93
» 40	— embourrure	» 34
1 40	— blanche	1 26
» 60	Percaline	» 30
2k »	Crin	11 50
	Façon	12 »
	Couture et apprêt	1 25
	Clous et ficelle	1 25
	Menus frais	» 25
	Prix en blanc	31 48

Prix des différents bois avec roulettes

		fr. c.
A moulures	en Acajou	30 »
Id.	en Bois noir	36 »
Id.	en Palissandre	46 »
Sculpté	en Acajou	36 »
Id.	en Bois noir	42 »
Id.	en Palissandre	52 »

ETOFFES

Tendues

Quantité m. c.	EN	fr. c.
1 70	Velours	20 40
» 85	Satin français	7 65
1 75	Perse	4 37
» 85	Damas laine et soie	11 90
1 75	Damas de Lyon	31 50
2 »	Peau ou maroquin	22 »
» 85	Drap	9 35
» 85	Satin soie uni en 140	23 80

Capitonnées

Quantité m. c.	EN	fr. c.
1 95	Velours	23 40
» 90	Satin français	8 10
2 »	Perse	5 »
» 90	Damas laine et soie	12 60
2 20	Damas de Lyon	39 60
2 1/2	Peau ou maroquin	27 50
1 05	Drap	11 55
» 90	Satin soie uni en 140	25 20

Prix net non compris le bois

Tendues EN	fr. c.	Capitonnées EN	fr. c.
Velours	52 57	Velours	59 09
Satin français	39 82	Satin français	43 79
Perse	34 27	Perse	38 42
Damas laine et soie	44 07	Damas laine et soie	48 29
Damas de Lyon	66 01	Damas de Lyon	77 63
Peau	54 17	Peau	63 19
Drap	41 52	Drap	47 24
Satin soie unie	58 31	Satin soie uni	63 23

PASSEMENTERIES

Quantité m. c.		fr. c.
3 90	Lézarde à s.	3 51
3 90	Biais dents de rat	5 85
28	Boutons à capiton	» 70

Quantité m. c.		fr. c.
3 90	Lézarde unie	1 24
350	Clous dorés	3 15

p. 100 en plus.	Frais généraux	
	Bénéfice	
	TOTAL	

ALBUM N° 7 QUÉTIN

FAUTEUIL LOUIS XIV

Planche N° 29

Garnitures tendues

Quantité m. c.		fr. c.
7 »	Sangle	» 84
9 »	Élastiques	2 45
» 60	Toile forte	» 75
» 80	— embourrure	» 68
1 40	— blanche	» 91
» 60	Percaline	» 30
2k500	Crin	14 37
	Façon	12 »
	Couture et apprêt	1 25
	Clous et ficelle	1 50
	Menus frais	» 50
	Prix en blanc	35 55

Garnitures capitonnées

Quantité m. c.		fr. c.
7 »	Sangle	» 84
9 »	Élastiques	2 45
» 60	Toile forte	» 75
» 40	— embourrure	» 34
1 70	— blanche	1 53
» 60	Percaline	» 30
2k500	Crin	14 37
	Façon	15 »
	Couture et apprêt	1 50
	Clous et ficelle	1 50
	Menus frais	» 50
	Prix en blanc	39 08

Prix des différents bois avec roulettes

	fr. c.
A moulures en Acajou	46 »
Id. en Bois noir	50 »
Id. en Palissandre	62 »
Sculpté en Acajou	52 »
Id. en Bois noir	56 »
Id. en Palissandre	76 »

ETOFFES

Tendues

Quantité m. c.	EN	fr. c.
2 40	Velours	28 80
1 »	Satin français	9 »
2 »	Perse cretonne	5 »
1 10	Damas laine et soie	15 40
2 50	Damas de Lyon	45 »
2 1/2	Peau ou maroquin	27 50
1 »	Drap	11 »
1 »	Satin soie uni en 140	28 »

Capitonnées

Quantité m. c.	EN	fr. c.
2 75	Velours	33 »
1 40	Satin français	12 60
2 20	Perse cretonne	5 50
1 45	Damas laine et soie	20 30
2 85	Damas de Lyon	51 30
3 1/2	Peau ou maroquin	38 50
1 50	Drap	16 50
1 40	Satin soie uni en 140	39 20

Prix net non compris le bois

Tendues

EN	fr. c.
Velours	69 75
Satin français	49 95
Perse	42 47
Damas laine et soie	56 35
Damas de Lyon	85 95
Peau	38 45
Drap	51 95
Satin soie uni	72 55

Capitonnées

EN	fr. c.
Velours	78 08
Satin français	57 68
Perse	47 10
Damas laine et soie	65 38
Damas de Lyon	96 38
Peau	83 58
Drap	61 58
Satin soie uni	87 88

PASSEMENTERIES

Quantité m. c.		fr. c.
6 »	Lézarde à s	5 40
6 »	Biais dents de rat	9 »
25	Boutons à capiton	» 60

Quantité m. c.		fr. c.
6 »	Lézarde unie	1 90
570	Clous dorés	5 13

p. 100 en plus.	Frais généraux	....
	Bénéfice	....
	TOTAL	....

ALBUM N° 7 QUÉTIN

Planche N° 30

CANAPÉ LOUIS XIV

De 1m 80.

Garnitures tendues

Quantité m. c.		fr. c.
28 »	Sangle	3 36
34 »	Élastiques	8 50
2 50	Toile forte	3 12
3 »	— embourrure	2 55
4 »	— blanche	2 60
1 80	Percaline	» 90
11k »	Crin	53 25
	Façon	32 »
	Couture et apprêt	4 »
	Clous et ficelle	4 »
	Menus frais	1 »
	Prix en blanc	115 28

Garnitures capitonnées

Quantité m. c.		fr. c.
28 »	Sangle	3 36
34 »	Élastiques	8 50
2 50	Toile forte	3 12
2 »	— embourrure	1 70
5 80	— blanche	5 22
1 80	Percaline	» 90
11k »	Crin	53 25
	Façon	40 »
	Couture et apprêt	6 »
	Clous et ficelle	4 50
	Menus frais	1 50
	Prix en blanc	128 05

Prix des différents bois avec roulettes

	fr. c.
A moulures en Acajou	100 »
Id. en Bois noir	110 »
Id. en Palissandre	135 »
Sculpté en Acajou	110 »
Id. en Bois noir	120 »
Id. en Palissandre	170 »

ETOFFES

Tendues en

Quantité m. c.		fr. c.
6 90	Velours	82 80
3 80	Satin français	34 20
5 65	Perse cretonne	14 12
3 80	Damas laine et soie	52 20
8 »	Damas de Lyon	144 »
10 »	Peau ou maroquin	110 »
5 30	Drap	58 30
3 80	Satin soie uni en 140	106 40

Capitonnées en

Quantité m. c.		fr. c.
10 10	Velours	121 20
5 50	Satin français	49 50
7 75	Perse cretonne	19 37
5 50	Damas laine et soie	77 »
11 50	Damas de Lyon	207 »
15 »	Peau ou maroquin	165 »
6 10	Drap	67 10
6 10	Satin soie uni en 140	170 80

Prix net non compris le bois

Tendues en

	fr. c.
Velours	207 98
Satin français	159 38
Perse	132 92
Damas laine et soie	177 38
Damas de Lyon	269 18
Peau	235 18
Drap	183 48
Satin soie uni	238 18

Capitonnées en

	fr. c.
Velours	262 65
Satin français	190 95
Perse	154 44
Damas laine et soie	218 45
Damas de Lyon	348 45
Peau	306 45
Drap	208 55
Satin soie uni	318 85

PASSEMENTERIES

Quantité m. c.		fr. c.
11 »	Lézarde à s.	9 90
11 »	Biais dents de rat	16 50
140	Boutons à capiton	3 50

m. c.		fr. c.
11 »	Lézarde unie	3 52
1000	Clous dorés	9 »

p. 100 en plus. { Frais généraux ....., Bénéfice ....., Total ..... }

ALBUM N° 7 QUÉTIN

Planche N° 33

CHAISE FUMEUSE AVEC FRANGES

Garnitures tendues			Garnitures capitonnées		
Quantité m. c.		fr. c.	Quantité m. c.		fr. c.
3 50	Sangle	» 42	3 50	Sangle	» 42
7 »	Élastiques	1 40	7 »	Élastiques	1 40
» 30	Toile forte	» 37	» 30	Toile forte	» 37
» 45	— embourrure	» 38	» 35	— embourrure	» 29
» 62	— blanche	» 40	» 95	— blanche	» 85
» 50	Percaline	» 25	» 50	Percaline	» 25
1k500	Crin	8 62	1k500	Crin	8 62
	Façon	5 »		Façon	7 »
	Couture et apprêt	1 25		Couture et apprêt	1 25
	Clous et ficelle	1 »		Clous et ficelle	1 »
	Menus frais	» 25		Menus frais	» 25
	Prix en blanc	19 34		Prix en blanc	21 70

Prix des différents bois avec roulettes

	fr. c.
En Acajou	14 »
En Palissandre	17 »

ÉTOFFES

Tendues			Capitonnées		
Quantité m. c.	EN	fr. c.	m. c.	EN	fr. c.
» 70	Reps	4 90	» 80	Reps	5 60
» 90	Velours	10 80	1 25	Velours	15 »
1 »	Peau ou maroquin	11 »	1 1/2	Peau ou maroquin	16 50
» 70	Drap	7 70	» 80	Drap	8 80

Prix net non compris le bois

Tendues EN	fr. c.	Capitonnées EN	fr. c.
Reps	33 26	Reps	36 72
Velours	39 16	Velours	46 12
Peau	39 36	Peau	47 62
Drap	33 06	Drap	39 92

PASSEMENTERIES

m. c.		fr. c.	m. c.		fr. c.
1 »	Lézarde à s	» 90	1 »	Lézarde unie	» 32
2 50	Frange en 18e	8 12	315	Clous dorés	2 83
16	Boutons à capiton	» 40			

p. 100 en plus.	Frais généraux	
	Bénéfice	
	TOTAL	

ALBUM N° 7 QUÉTIN

Planche N° 33

CHAISE FUMEUSE

à ceinture

Garnitures tendues

Quantité m. c.		fr. c.
3 50	Sangle	» 42
7 »	Élastiques	1 40
» 30	Toile forte	» 37
» 45	— embourrure	» 38
» 62	— blanche	» 40
» 50	Percaline	» 25
1k500	Crin	8 62
	Façon	5 »
	Couture et apprêt	1 25
	Clous et ficelle	1 »
	Menus frais	» 25
	Prix en blanc	19 34

Garnitures capitonnées

Quantité m. c.		fr. c.
» 50	Sangle	» 42
7 »	Élastiques	1 40
» 30	Toile forte	» 37
» 35	— embourrure	» 29
» 95	— blanche	» 85
» 50	Percaline	» 25
1k500	Crin	8 62
	Façon	7 »
	Couture et apprêt	1 25
	Clous et ficelle	1 »
	Menus frais	» 25
	Prix en blanc	21 70

Prix des différents bois avec roulettes

	fr. c.
Bois Acajou	16 »
Bois noir	18 »
Palissandre	24 »

ÉTOFFES

Tendues

Quantité m. c.	EN	fr. c.
» 65	Reps	4 55
» 85	Velours	10 20
1 »	Peau ou maroquin	11 »
» 65	Drap	7 15

Capitonnée

Quantité m. c.	EN	fr. c.
» 75	Reps	5 25
1 20	Velours	14 40
1 1/2	Peau ou maroquin	16 50
» 75	Drap	8 25

Prix net non compris le bois

Tendues EN	fr. c.	Capitonnées EN	fr. c.
Reps	27 04	Reps	30 50
Velours	32 69	Velours	39 65
Peau	33 49	Peau	41 75
Drap	29 64	Drap	33 50

PASSEMENTERIES

Quantité m. c.		fr. c.	Quantité m. c.		fr. c.
3 50	Lézarde à s.	3 15	3 50	Lézarde unie	1 12
16	Boutons à capiton	» 40	315	Clous dorés	2 83

p. 100 en plus.	Frais généraux	
	Bénéfice	
	TOTAL	

ALBUM N° 7 QUÉTIN

Planche N° 34

CHAISE CHAUFFEUSE

dossier garni

Garnitures tendues			Garnitures capitonnées		
Quantité m. c.		fr. c.	Quantité m. c.		fr. c.
4 80	Sangle	» 57	4 80	Sangle	» 57
8 »	Élastiques	1 60	8 »	Élastiques	1 60
» 75	Toile forte	» 93	» 75	Toile forte	» 93
» 75	— embourrure	» 63	» 40	— embourrure	» 34
1 10	— blanche	» 71	1 40	— blanche	1 26
» 60	Percaline	» 30	» 60	Percaline	» 30
2k 50	Crin	14 37	2k 50	Crin	14 37
	Façon	9 »		Façon	11 »
	Couture et apprêt	1 »		Couture et apprêt	1 25
	Clous et ficelle	1 »		Clous et ficelle	1 25
	Menus frais	» 25		Menus frais	» 25
	Prix en blanc	30 36		Prix en blanc	33 12

Prix des différents bois avec roulettes

	fr. c.
En Acajou	15 »
En Bois noir	17 »
En Palissandre	28 »

ETOFFES

Tendues en			Capitonnées en		
Quantité m. c.		fr. c.	Quantité m. c.		fr. c.
1 12	Reps	7 84	1 35	Reps	9 45
1 70	Velours	20 40	1 95	Velours	23 40
1 12	Damas laine et soie	15 68	1 35	Damas laine et soie	18 90
2 »	Damas de Lyon	36 »	2 40	Damas de Lyon	43 20
2 »	Peau ou maroquin	22 »	2 1/2	Peau ou maroquin	27 50
1 12	Drap	12 32	1 35	Drap	14 85

Prix net non compris le bois

Tendues en	fr. c.	Capitonnées en	fr. c.
Reps	41 80	Reps	46 87
Velours	54 36	Velours	60 82
Damas laine et soie	49 64	Damas laine et soie	56 32
Damas de Lyon	72 36	Damas de Lyon	83 02
Peau	55 96	Peau	64 92
Drap	46 28	Drap	52 27

PASSEMENTERIES

Quantité m. c.		fr. c.	Quantité m. c.		fr. c.
4 »	Lézarde à s	3 60	4 »	Lézarde unie	1 28
4 »	Biais dents de rat	6 »	370	Clous dorés	3 33
28	Boutons à capiton	» 70			

p. 100 en plus.	Frais généraux	
	Bénéfices	
	TOTAL	

ALBUM N° 7 QUÉTIN

Planche N° 35

PRIE-DIEU A RAMPE GARNIE

Garnitures tendues

Quantité m. c.		fr. c.
3 30	Sangle	» 39
» 60	Toile d'embourrure	» 51
» 60	— blanche	» 39
» 50	Percaline	» 25
1k 200	Crin	6 90
	Façon	4 »
	Couture et apprêt	» 50
	Clous et ficelle	» 75
	Menus frais	» 25
	Prix en blanc	13 94

Prix des différents bois

	fr. c.
A balustre en Acajou	9 »
— en Bois noir	12 »
Croix sculptée en Acajou	14 »
— en Bois noir	17 »

ÉTOFFES

Tendues en

Quantité m. c.		fr. c.
» 65	Reps	4 55
» 85	Velours	10 20
» 65	Drap	7 15

Prix net non compris le bois

Tendues en

	fr. c.
Reps	21 64
Velours	27 29
Drap	24 24

PASSEMENTERIES

Quantité m. c.		fr. c.
3 50	Lézarde à s	3 15

p. 100 en plus.	Frais généraux	
	Bénéfice	
	TOTAL	

ALBUM N° 7 QUÉTIN

Planche N° 37

CHAISE LÉGÈRE

divers styles

Garnitures tendues

Quantité m. c.		fr. c.
2 70	Sangle	» 32
» 30	Toile embourrure	» 25
» 32	— blanche	» 20
» 45	Percaline	» 23
1k »	Crin	5 75
	Façon	2 50
	Couture et apprêt	» 25
	Clous et ficelle	» 50
	Menus frais	» 25
	Prix en blanc	10 25

Garnitures capitonnées

Quantité m. c.		fr. c.
2 70	Sangle	» 32
» 30	Toile embourrure	» 25
» 60	— blanche	» 54
» 45	Percaline	» 23
1k »	Crin	5 75
	Façon	3 »
	Couture et apprêt	» 50
	Clous et ficelle	» 50
	Menus frais	» 25
	Prix en blanc	11 34

Prix des différents bois

	fr. c.
A panneau verni noir et mat	17 50
A ruban id.	17 50
A perles id.	23 »
Louis XVI Bois noir	30 »
Louis XVI Laquée	32 »
Louis XVI Bois doré	44 »

ETOFFES

Tendues

Quantité m. c.	EN	fr. c.
» 27	Reps	1 89
» 52	Velours	6 24
» 27	Damas laine et soie	3 78
» 55	Damas de Lyon	9 90
1 »	Peau ou maroquin	11 »
» 27	Drap	2 97
» 27	Satin soie uni en 140	7 56

Capitonnées

Quantité m. c.	EN	fr. c.
» 32	Reps	2 24
» 62	Velours	7 44
» 32	Damas laine et soie	4 48
» 65	Damas de Lyon	11 70
1 »	Peau ou maroquin	11 »
» 32	Drap	3 52
» 32	Satin soie uni en 140	8 96

Prix net non compris le bois

Tendues EN	fr. c.	Capitonnées EN	fr. c.
Reps	13 40	Reps	15 24
Velours	17 75	Velours	20 44
Damas laine et soie	15 29	Damas laine et soie	17 48
Damas de Lyon	22 25	Damas de Lyon	25 54
Peau	22 51	Peau	24 »
Drap	14 48	Drap	16 52
Satin soie uni	19 91	Satin soie uni	22 80

PASSEMENTERIES

Quantité m. c.		fr. c.
1 40	Lézarde à s	1 26
1 40	Biais dents de rat	2 10
16	Boutons à capiton	» 40

Quantité m. c.		fr. c.
1 40	Lézarde unie	» 44
120	Clous dorés	1 08

p. 100 en plus. { Frais généraux ......; Bénéfice ......

TOTAL ......

ALBUM N° 7 QUÉTIN

Planche N° 37

CHAISE LÉGÈRE

Genre escargot

Quantité m. c.	Garnitures tendues	fr. c.	Quantité m. c.	Garnitures capitonnées	fr. c.
2 70	Sangle	» 32	2 70	Sangle	» 32
» 30	Toile embourrure	» 25	» 30	Toile embourrure	» 25
» 32	— blanche	» 20	» 60	— blanche	» 54
» 45	Percaline	» 23	» 45	Percaline	» 23
0k700	Crin	4 02	0k700	Crin	4 02
	Façon	2 50		Façon	3 »
	Couture et apprêt	» 25		Couture et apprêt	» 50
	Clous et ficelle	» 50		Clous et ficelle	» 50
	Menus frais	» 25		Menus frais	» 25
	Prix en blanc	8 52		Prix en blanc	9 61

Prix des différents bois

	fr. c.
Bois noir	14 »
Id. filets or	16 »
Id. doré	28 »

ETOFFES

Quantité m. c.	Tendues EN	fr. c.	Quantité m. c.	Capitonnées EN	fr. c.
» 27	Reps	1 89	» 32	Reps	2 24
» 52	Velours	6 24	» 62	Velours	7 44
» 27	Damas laine et soie	3 78	» 32	Damas laine et soie	4 48
» 55	Damas de Lyon	9 90	» 65	Damas de Lyon	11 70
1 »	Peau ou maroquin	11 »	1 »	Peau ou maroquin	11 »
» 27	Drap	2 97	» 32	Drap	3 52
» 27	Satin soie uni en 140	7 56	» 32	Satin soie uni en 140	8 96

Prix net non compris le bois

Tendues EN	fr. c.	Capitonnées EN	fr. c.
Reps	11 67	Reps	13 51
Velours	16 02	Velours	18 71
Damas laine et soie	13 56	Damas laine et soie	15 75
Damas de Lyon	20 52	Damas de Lyon	23 81
Peau	20 78	Peau	22 27
Drap	12 75	Drap	14 79
Satin soie uni	18 18	Satin soie uni	21 07

PASSEMENTERIES

Quantité m. c.		fr. c.	Quantité m. c.		fr. c.
1 40	Lézarde à *s*	1 26	1 40	Lézarde unie	» 44
1 40	Biais dents de rat	2 10	120	Clous dorés	1 08
16	Boutons à capiton	» 40			

p. 100 en plus.	Frais généraux	
	Bénéfice	
	TOTAL	

ALBUM N° 7 QUÉTIN

TABOURET DE PIANO

Planche N° 39

Quantité m. c.	Garnitures tendues	fr. c.	Quantité m. c.	Garnitures capitonnées	fr. c.
» 85	Sangle	» 10	» 85	Sangle	» 10
» 40	Toile embourrure	» 34	» 40	Toile embourrure	» 34
» 50	— blanche	» 32	» 62	— blanche	» 55
» 15	Percaline	» 08	» 15	Percaline	» 08
0k500	Crin	2 87	0k500	Crin	2 87
	Façon	3 »		Façon	4 »
	Couture et apprêt	» 25		Couture et apprêt	» 50
	Clous et ficelle	» 50		Clous et ficelle	» 50
	Menus frais	» 25		Menus frais	» 25
	Prix en blanc	7 71		Prix en blanc	9 19

Prix des différents bois

			fr. c.
Ordinaire	Acajou		12 »
Id.	Bois noir		15 »
Id.	Palissandre		20 »
Louis XV à 4 pieds	Acajou		35 »
Id.	Id.	Bois noir	38 »
Id.	Id.	Palissandre	46 »

ETOFFES

Quantité m. c.	Tendues EN	fr. c.	Quantité m. c.	Capitonnées EN	fr. c.
» 25	Reps	1 75	» 31	Reps	2 17
» 50	Velours	6 »	» 62	Velours	7 44
» 25	Damas laine et soie	3 50	» 31	Damas laine et soie	4 34
» 50	Damas de Lyon	9 »	» 80	Damas de Lyon	14 40
1 »	Peau ou maroquin	11 »	1 »	Peau ou maroquin	11 »
» 25	Drap	2 75	» 31	Drap	3 41
» 25	Satin soie uni en 140	7 »	» 31	Satin soie uni en 140	8 68
» 25	Moleskine	1 »	» 31	Moleskine	1 24

Prix net non compris le bois

Tendues EN	fr. c.	Capitonnées EN	fr. c.
Reps	10 49	Reps	12 69
Velours	14 74	Velours	17 96
Damas laine et soie	12 24	Damas laine et soie	14 86
Damas de Lyon	18 43	Damas de Lyon	25 61
Peau	19 74	Peau	21 52
Drap	11 49	Drap	13 93
Satin soie uni	16 43	Satin soie uni	19 89
Moleskine	10 06	Moleskine	12 08

PASSEMENTERIES

Quantité m. c.		fr. c.	Quantité m. c.		fr. c.
1 15	Lézarde à s	1 03	1 15	Lézarde unie	» 36
1 15	Biais dents de rat	1 72	110	Clous dorés	» 99
12	Boutons à capiton	» 30			

p. 100 en plus.	Frais généraux	....
	Benéfice	....
	TOTAL	....

ALBUM N° 7 QUÉTIN

Planche N° 40

PUFF BOIS APPARENT

de 0m65 de diamètre

Garnitures tendues

Quantité m. c.		fr. c
5 »	Sangle...........	» 60
12 »	Élastiques.........	3 »
» 80	Toile forte........	1 »
» 90	— embourrure..	» 76
1 90	— blanche	» 58
» 65	Percaline.........	» 33
2k »	Crin..............	11 50
	Façon	8 »
	Couture et apprêt..	» 75
	Clous et ficelle.....	1 »
	Menus frais	» 50
	Prix en blanc....	28 02

Garnitures capitonnées

Quantité m. c.		fr. c.
5 »	Sangle	» 60
12 »	Élastiques.........	3 »
» 80	Toile forte	1 »
» 90	— embourrure ..	» 76
1 10	— blanche.. ...	» 99
» 65	Percaline	» 33
2k »	Crin.............	11 50
	Façon	12 »
	Couture et apprêt..	1 »
	Clous et ficelle.....	1 25
	Menus frais	» 50
	Prix en blanc....	32 93

Prix des différents bois avec roulettes

	fr. c.
En Bois noir.... ..	35 »
En Palissandre.....	48 »
En Bois doré.......	70 »

ETOFFES

Tendues

Quantité m. c.	EN	fr. c.
1 65	Velours...........	19 80
1 75	Damas de Lyon....	31 50
» 85	Drap.............	9 35
» 85	Satin soie uni en 140	23 80

Capitonnées

Quantité m. c.	EN	fr. c.
2 »	Velours...........	24 »
2 10	Damas de Lyon....	37 80
1 05	Drap.............	11 55
1 05	Satin soie uni en 140	29 40

Tendues

EN	fr. c.
Velours	49 62
Damas de Lyon	62 52
Drap.........	39 17
Satin soie uni.	54 82

Capitonnées

EN	fr. c.
Velours	59 73
Damas de Lyon	74 73
Drap.........	47 28
Satin soie uni.	66 33

PASSEMENTERIES

Quantité m. c.		fr. c.
2 »	Lézarde à s........	1 80
2 »	Biais dents de rat..	3 »

Quantité m. c.		fr. c.
30	Boutons à capitons.	1 »

p. 100 en plus.	Frais généraux	
	Bénéfice......	
	TOTAL ...	

ALBUM N° 7 QUÉTIN

FAUTEUIL PUFF

Planche N° 17

Garnitures tendues

Quantité m. c.		fr. c.
»	Bois et roulettes	12 50
6 50	Sangle	» 78
9 »	Élastiques	2 25
1 50	Toile forte	1 87
1 70	— embourrure	1 44
2 70	— blanche	1 75
» 70	Percaline	» 35
4k »	Crin	23 »
	Façon	13 »
	Couture et apprêt	1 50
	Clous et ficelle	1 25
	Menus frais	» 50
	Prix en blanc	60 19

Garnitures capitonnées

Quantité m. c.		fr. c.
»	Bois et roulettes	12 50
6 50	Sangle	» 78
9 »	Élastiques	2 25
1 50	Toile forte	1 87
» 60	— embourrure	» 51
4 10	— blanche	3 69
» 70	Percaline	» 35
4k »	Crin	23 »
	Façon	15 »
	Couture et apprêt	2 »
	Clous et ficelle	1 25
	Menus frais	» 50
	Prix en blanc	63 70

PASSEMENTERIES

en soie

Quantité m. c.		fr. c.
2 20	Frange	26 40
2 40	Lézarde à s	2 16
2	Glands	6 »
	Total	34 56

en laine et soie

Quantité m. c.		fr. c.
2 20	Frange	15 40
2 40	Lézarde à s	2 16
2	Glands	3 50
	Total	21 06

en laine

Quantité m. c.		fr. c.
2 20	Frange	7 15
2 40	Lézarde à s	2 16
2	Glands	2 60
	Total	11 91

pour la Perse

Quantité m. c.		fr. c.
3 50	Frange à boulots	3 85
5 »	Galon frisé	1 50
	Façon volant	2 »
	Total	7 35

ÉTOFFES

Tendues

Quantité m. c.	EN	fr. c.
2 10	Damas laine	11 02
2 10	Reps	14 70
3 50	Velours	42 »
2 10	Satin français	18 90
4 70	Perse avec volant	11 75
2 10	Damas laine et soie	29 40
4 70	Damas de Lyon	84 60
2 10	Satin soie uni en 140	58 80

Capitonnées

Quantité m. c.	EN	fr. c.
2 45	Damas laine	12 86
2 45	Reps	17 15
4 90	Velours	58 80
2 45	Satin français	22 05
5 »	Perse avec volant	12 50
2 45	Damas laine et soie	34 30
5 40	Damas de Lyon	97 20
2 45	Satin soie uni en 140	68 60

Prix net couvert

Tendues

EN	fr. c.
Damas laine	83 12
Reps	86 80
Velours	114 10
Satin français	91 »
Perse avec volant	79 29
Damas laine et soie	110 65
Damas de Lyon	179 35
Satin soie uni	153 55

Capitonnées

EN	fr. c.
Damas laine	89 72
Reps	94 01
Velours	135 66
Satin français	98 91
Perse avec volant	84 80
Damas laine et soie	120 31
Damas de Lyon	196 71
Satin soie uni	168 11

51	Boutons à capitons	1 25

p. 100 en plus.

Frais généraux	....
Bénéfice	....
TOTAL	....

ALBUM N° 7 QUÉTIN

Planche N° 17

CHAISE PUFF

à mognons

Garnitures tendues

Quantité m. c.		fr. c.
»	Bois et roulettes	11 »
5 45	Sangle	» 65
8 »	Élastiques	1 60
1 40	Toile forte...	1 75
1 30	— embourrure ..	1 10
2 »	— blanche .	1 30
» 65	Percaline.....	» 33
3k »	Crin	17 25
	Façon......	11 »
	Couture et apprêt .	1 25
	Clous et ficelle.	1 »
	Menus frais...	» 25
	Prix en blanc.	48 48

Garnitures capitonnées

Quantité m. c.		fr. c.
»	Bois et roulettes	11 »
5 45	Sangle.......	» 65
8 »	Élastiques....	1 60
1 40	Toile forte....	1 75
» 60	— embourrure ..	» 51
3 20	— blanche .	2 88
» 65	Percaline.....	» 33
3k »	Crin	17 25
	Façon........	14 »
	Couture et apprêt .	1 50
	Clous et ficelle	1 »
	Menus frais...	» 25
	Prix en blanc.	52 72

PASSEMENTERIES

en soie

Quantité m. c.		fr. c.
2 »	Frange.......	24 »
2 »	Lézarde à s ...	1 80
	Total.....	25 80

en laine et soie

Quantité m. c.		fr. c.
2 »	Frange.......	14 »
2 »	Lézarde à s ...	1 80
	Total.....	15 80

en laine

Quantité m. c.		fr. c.
2 »	Frange.......	6 50
2 »	Lézarde à s ...	1 80
	Total.....	8 30

pour la Perse

Quantité m. c.		fr. c.
3 30	Frange à boulots..	3 63
7 »	Galon frisé....	2 10
	Façon volant .	1 75
	Total.....	7 48

ETOFFES

Tendues

Quantité m. c.	EN	fr. c.
1 50	Damas laine ..	7 87
1 50	Reps........	10 50
2 85	Velours	34 20
1 50	Satin français .	13 50
3 »	Perse avec volant..	7 50
1 50	Damas laine et soie.	21 »
3 35	Damas de Lyon	60 30
1 50	Satin soie uni en 140	42 »

Capitonnées

Quantité m. c.	EN	fr. c.
1 95	Damas laine...	10 23
1 95	Reps........	13 65
3 80	Velours	45 60
1 95	Satin français .	17 55
3 30	Perse avec volant. .	8 25
1 95	Damas laine et soie.	27 30
4 25	Damas de Lyon	76 50
1 95	Satin soie uni en 140	54 60

Prix net couverte

Tendues

EN	fr. c.
Damas laine........	64 65
Reps.............	67 28
Velours.	90 98
Satin français.......	70 28
Perse avec volant...	63 46
Damas laine et soie..	85 28
Damas de Lyon.....	134 58
Satin soie uni.......	116 28

Capitonnées

EN	fr. c.
Damas laine........	72 40
Reps	75 82
Velours...........	107 77
Satin français	79 72
Perse avec volant.. .	69 60
Damas laine et soie..	96 97
Damas de Lyon.....	156 17
Satin soie uni..	134 27

46	Boutons à capiton....	1 15

p. 100 en plus.

Frais généraux	....
Bénéfice......	....
TOTAL...	....

ALBUM N° 7 QUÉTIN

Planche n° 18

CANAPÉ PUFF

de 160

PASSEMENTERIES

Garnitures tendues			Garnitures capitonnées		
Quantité m. c.		fr. c.	Quantité m. c.		fr. c.
» »	Bois et roulettes	22 »	» »	Bois et roulettes	22 »
17 »	Sangle	2 04	17 »	Sangle	2 04
27 »	Élastiques	6 75	27 »	Élastiques	6 75
3 20	Toile forte	4 »	3 20	Toile forte	4 »
3 25	— embourrure	2 76	1 65	— embourrure	1 40
5 05	— blanche	3 28	7 05	— blanche	6 34
1 65	Percaline	» 83	1 65	Percaline	» 83
9k »	Crin	51 75	9k »	Crin	51 75
	Façon	28 »		Façon	32 »
	Couture et apprêt	2 25		Couture et apprêt	2 75
	Clous et ficelle	2 »		Clous et ficelle	2 »
	Menus frais	» 75		Menus frais	» 75
	Prix en blanc	126 41		Prix en blanc	132 61

en soie			en laine et soie		
Quantité m. c.		fr. c.	Quantité m. c.		fr. c.
3 90	Frange	46 80	3 90	Frange	27 30
3 80	Lézarde à s	3 42	3 80	Lézarde à s	3 42
2	Glands	6 »	2	Glands	3 50
	Total	56 22		Total	34 22

en laine			pour la Perse		
Quantité m. c.		fr. c.	Quantité m. c.		fr. c.
3 90	Frange	12 67	6 60	Frange à boulots	7 26
3 80	Lézarde à s	3 42	8 70	Galon frisé	2 61
2	Glands	2 60		Façon volant	4 »
	Total	18 69		Total	13 87

ÉTOFFES

Tendues			Capitonnées		
Quantité m. c.	EN	fr. c.	Quantité m. c.	EN	fr. c.
4 10	Damas laine	21 52	5 15	Damas laine	27 03
4 10	Reps	28 70	5 15	Reps	36 05
7 85	Velours	94 20	10 40	Velours	124 80
4 10	Satin français	36 90	5 15	Satin français	46 35
7 »	Perse avec volant	17 50	10 10	Perse avec volant	25 25
4 10	Damas laine et soie	57 40	5 15	Damas laine et soie	72 10
9 50	Damas de Lyon	171 »	12 »	Damas de Lyon	216 »
4 10	Satin soie uni en 140	114 80	5 15	Satin soie uni en 140	144 20

Prix net couvert

Tendues EN	fr. c.	Capitonnées EN	fr. c.
Damas laine	166 62	Damas laine	180 73
Reps	173 80	Reps	189 75
Velours	239 30	Velours	278 50
Satin français	182 »	Satin français	200 05
Perse avec volant	157 78	Perse avec volant	174 13
Damas laine et soie	218 03	Damas laine et soie	241 33
Damas de Lyon	353 63	Damas de Lyon	407 23
Satin soie uni	297 43	Satin soie uni	335 43

96	Boutons à capiton	fr. c. 2 40

p. 100 en plus. { Frais généraux ...... / Bénéfice ...... / TOTAL ...... }

ALBUM N° 7 QUÉTIN

CHAISE POLONAISE A CROSSES

Planche N° 19

Garnitures tendues

Quantité m. c.		fr. c.
»	Bois et roulettes	15 50
5 40	Sangle	» 65
8 »	Élastiques ..	1 60
1 30	Toile forte. ..	1 62
1 30	— embourrure..	1 10
2 »	— blanche.	1 30
» 60	Percaline.....	» 30
3k500	Crin	20 12
	Façon........	12 »
	Couture et apprêt.	1 50
	Clous et ficelle.	1 »
	Menus frais...	» 50
	Prix en blanc.	57 19

Garnitures capitonnées

Quantité m. c.		fr. c.
»	Bois et roulettes	15 50
5 40	Sangle	» 65
8 »	Élastiques	1 60
1 30	Toile forte....	1 62
» 80	— embourrure..	» 68
3 30	— blanche.	2 97
« 60	Percaline.....	» 30
3k500	Crin	20 12
	Façon........	14 »
	Couture et apprêt.	1 50
	Clous et ficelle.	1 »
	Menus frais...	» 50
	Prix en blanc.	60 44

PASSEMENTERIES

en soie

Quantité m. c.		fr. c.
1 95	Frange.......	23 40
2 35	Lézarde à s...	2 11
4	Glands.......	12 »
	Total...	37 51

en laine et soie

Quantité m. c.		fr. c.
1 95	Frange.......	13 65
2 35	Lézarde à s...	2 11
4	Glands.......	7 »
	Total...	22 76

en laine

Quantité m. c.		fr. c.
1 95	Frange.......	6 33
2 35	Lézarde à s ...	2 11
4	Glands.......	5 20
	Total...	13 64

pour la Perse

Quantité m. c.		fr. c.
3 20	Frange à boulots..	3 52
8 50	Galon frisé....	2 55
	Façon volant..	2 »
	Total...	8 07

ÉTOFFES

Tendues

Quantité m. c.	EN	fr. c.
1 90	Damas laine...	9 97
1 90	Reps.........	13 30
3 15	Velours	37 80
1 90	Satin français.	17 10
3 30	Perse avec volant	8 25
1 90	Damas laine et soie.	26 60
3 80	Damas de Lyon	68 40
1 90	Satin soie uni en 140.	53 20

Capitonnées

Quantité m. c.	EN	fr. c.
2 10	Damas laine...	11 02
2 10	Reps...... ..	14 70
3 75	Velours	45 »
2 10	Satin français.	18 90
4 »	Perse avec volant	10 »
2 10	Damas laine et soie.	29 40
4 65	Damas de Lyon	83 70
2 10	Satin soie uni en 140	58 80

Prix net couverte

Tendues

EN	fr. c.
Damas laine........	80 80
Reps..............	84 13
Velours......... ...	108 63
Satin français.......	87 93
Perse avec volant...	73 51
Damas laine et soie.	106 55
Damas de Lyon.....	163 10
Satin soie uni.......	147 90

Capitonnées

EN	fr. c.
Damas laine........	86 30
Reps..............	89 98
Velours....	120 28
Satin français.......	94 18
Perse avec volant...	79 71
Damas laine et soie..	113 80
Damas de Lyon. ...	182 85
Satin soie uni......	157 95

		fr. c.
48	Boutons à capiton.......	1 20

p. 100 en plus.	Frais généraux	———
	Bénéfice......	———
	Total.. .	———

ALBUM N° 7 QUÉTIN

FAUTEUIL POLONAIS

Planche N° 19

Garnitures tendues

Quantité m. c.		fr. c.
» »	Bois et roulettes	18 »
6 50	Sangle	» 78
9 »	Élastiques	2 25
1 70	Toile forte. . . .	2 12
2 10	— embourrure. .	1 78
3 90	— blanche.	2 53
» 70	Percaline.	» 35
4k 500	Crin	25 87
	Façon.	15 »
	Couture et apprêt.	1 75
	Clous et ficelle.	1 25
	Menus frais. . .	» 50
	Prix en blanc.	72 18

Garnitures capitonnées

Quantité m. c.		fr. c.
» »	Bois et roulettes	18 »
6 50	Sangle	» 78
9 »	Élastiques	2 25
1 70	Toile forte. . . .	2 12
1 »	— embourrure. .	» 85
4 30	— blanche.	3 87
» 70	Percaline.	» 35
4k 500	Crin	25 87
	Façon.	18 »
	Couture et apprêt.	2 »
	Clous et ficelle.	1 50
	Menus frais. . .	» 50
	Prix en blanc.	76 09

PASSEMENTERIES

en soie

Quantité m. c.		fr. c.
2 20	Frange.	26 40
3 »	Lézarde à s. . . .	2 70
4	Glands	12 »
	Total. . . .	41 10

en laine et soie

Quantité m. c.		fr. c.
2 20	Frange.	15 40
3 »	Lézarde à s . . .	2 70
4	Glands	7 »
	Total. . . .	25 10

en laine

Quantité m. c.		fr. c.
2 20	Frange.	7 15
3 »	Lézarde à s . .	2 70
4	Glands	5 20
	Total. . . .	15 05

pour la Perse

Quantité m. c.		fr. c.
3 50	Frange à boulots. .	3 85
7 »	Galon frisé. . . .	2 10
	Façon volant. .	2 »
	Total. . . .	7 95

ÉTOFFES

Tendues

Quantité m. c.	EN	fr. c.
2 35	Damas laine. . .	12 33
2 35	Reps.	16 45
4 50	Velours	54 »
2 35	Satin français .	21 15
4 30	Perse avec volant	10 75
2 35	Damas laine et soie.	32 90
5 »	Damas de Lyon	90 »
2 40	Satin soie uni en 140	67 20

Capitonnées

Quantité m. c.	EN	fr. c.
2 60	Damas laine . .	13 65
2 60	Reps.	18 20
5 30	Velours	63 60
2 60	Satin français .	23 40
5 45	Perse avec volant	13 62
2 60	Damas laine et soie.	36 40
6 60	Damas de Lyon	118 80
2 60	Satin soie uni en 140	72 80

Prix net couvert

Tendues

EN	fr. c.
Damas laine.	99 56
Reps.	103 68
Velours	141 23
Satin français	108 38
Perse avec volant. . .	90 88
Damas laine et soie. .	130 18
Damas de Lyon. . . .	203 28
Satin soie uni	180 48

Capitonnées

EN	fr. c.
Damas laine.	106 04
Reps.	110 59
Velours.	155 99
Satin français	115 79
Perse avec volant. . .	98 91
Damas laine et soie. .	138 84
Damas de Lyon.	237 24
Satin soie uni	191 24

51	Boutons à capiton.	1 25

p. 100 en plus.		
	Frais généraux	....
	Bénéfice.	....
	TOTAL. . . .	....

ALBUM N° 7 QUÉTIN

Planche N° 20

CANAPÉ POLONAIS

de 160

Garnitures tendues

Quantité m. c.		fr. c.
» »	Bois et roulettes	26 »
17 »	Sangle	2 04
27 »	Élastiques	6 75
3 10	Toile forte	3 87
3 20	— embourrure	2 72
5 20	— blanche	3 38
1 75	Percaline	» 88
9k500	Crin	54 62
	Façon	30 »
	Couture et apprêt	1 75
	Clous et ficelle	2 75
	Menus frais	» 75
	Prix en blanc	135 51

Garnitures capitonnées

Quantité m. c.		fr. c.
» »	Bois et roulettes	26 »
17 »	Sangle	2 04
27 »	Élastiques	6 75
3 10	Toile forte	3 87
1 65	— embourrure	1 40
7 90	— blanche	7 11
1 65	Percaline	» 88
9k500	Crin	54 62
	Façon	35 »
	Couture et apprêt	2 »
	Clous et ficelle	3 »
	Menus frais	1 »
	Prix en blanc	143 67

PASSEMENTERIES

en soie

Quantité m. c.		fr. c.
3 70	Frange	44 40
3 70	Lézarde à s	3 33
4	Glands	12 »
	Total	59 73

en laine et soie

Quantité m. c.		fr. c.
3 70	Frange	25 90
3 70	Lézarde à s	3 33
4	Glands	7 »
	Total	36 23

en laine

Quantité m. c.		fr. c.
3 70	Frange	12 02
3 70	Lézarde à s	3 33
4	Glands	5 20
	Total	20 55

pour la Perse

Quantité m. c.		fr. c.
6 25	Frange à boulots	6 87
10 50	Galon frisé	3 15
» »	Façon volant	4 »
	Total	14 02

ÉTOFFES

Tendues

Quantité m. c.	EN	fr. c.
4 10	Damas laine	21 52
4 10	Reps	28 70
7 50	Velours	90 »
4 10	Satin français	36 90
7 60	Perse avec volant	19 »
4 10	Damas laine et soie	57 40
9 45	Damas de Lyon	170 10
4 10	Satin soie uni en 140	114 80

Capitonnées

Quantité m. c.	EN	fr. c.
5 50	Damas laine	28 87
5 50	Reps	38 50
9 80	Velours	117 60
5 50	Satin français	49 50
9 80	Perse avec volant	24 50
5 50	Damas laine et soie	77 »
11 90	Damas de Lyon	214 20
5 50	Satin soie uni en 140	154 »

Prix net couvert

Tendues

EN	fr. c.
Damas laine	177 58
Reps	184 76
Velours	246 06
Satin français	192 96
Perse avec volant	168 53
Damas laine et soie	229 14
Damas de Lyon	365 34
Satin soie uni	310 04

Capitonnées

EN	fr. c.
Damas laine	195 49
Reps	205 12
Velours	284 22
Satin français	216 12
Perse avec volant	184 59
Damas laine et soie	259 30
Damas de Lyon	420 »
Satin soie unie	359 80

96	Boutons à capiton	2 40

p. 100 en plus.

Frais généraux	
Bénéfice	
TOTAL	

ALBUM N° 7 QUÉTIN

CHAISE LONGUE PUFF

Planche n° 23

Garnitures tendues

Quantité m. c.		fr. c.
»	Bois et roulettes	20 »
18 »	Sangle	2 16
26 »	Élastiques	6 50
2 90	Toile forte	3 62
2 50	— embourrure	2 12
4 15	— blanche	2 69
1 60	Percaline	» 80
9k200	Crin	52 90
	Façon	25 »
	Couture et apprêt	1 50
	Clous et ficelle	2 50
	Menus frais	» 50
	Prix en blanc	120 29

Garnitures capitonnées

Quantité m. c.		fr. c.
»	Bois et roulettes	20 »
18 »	Sangle	2 16
26 »	Élastiques	6 50
2 90	Toile forte	3 62
1 50	— embourrure	1 27
6 50	— blanche	5 85
1 60	Percaline	» 80
9k200	Crin	52 90
	Façon	28 »
	Couture et apprêt	1 75
	Clous et ficelle	2 75
	Menus frais	» 75
	Prix en blanc	126 55

PASSEMENTERIES

en soie

Quantité m. c.		fr. c.
3 70	Frange	44 40
3 70	Lézarde à s	3 33
2	Glands	6 »
	Total	53 73

en laine et soie

Quantité m. c.		fr. c.
3 70	Frange	25 90
3 70	Lézarde à s	3 33
2	Glands	3 50
	Total	32 73

en laine

Quantité m. c.		fr. c.
3 70	Frange	12 02
3 70	Lézarde à s	3 30
2	Glands	2 60
	Total	17 92

pour la Perse

Quantité m. c.		fr. c.
6 30	Frange à boulots	6 93
8 20	Galon frisé	2 46
»	Façon volant	4 »
	Total	13 39

ETOFFES

Tendues

Quantité m. c.	EN	fr. c.
3 35	Damas laine	17 58
3 35	Reps	23 45
6 15	Velours	73 80
3 40	Satin français	30 60
6 25	Perse avec volant	15 62
3 35	Damas laine et soie	46 90
7 60	Damas de Lyon	136 80
9 »	Peau ou maroquin	99 »
3 50	Drap	38 50
3 35	Satin soie uni en 140	93 80

Capitonnées

Quantité m. c.	EN	fr. c.
4 20	Damas laine	22 05
4 20	Reps	29 40
7 50	Velours	90 »
4 20	Satin français	37 80
7 50	Perse avec volant	18 75
4 20	Damas laine et soie	58 80
10 »	Damas de Lyon	180 »
12 »	Peau ou maroquin	132 »
4 50	Drap	49 50
4 20	Satin soie uni en 140	117 60

Prix net couverte

Tendues

EN	fr. c.
Damas laine	155 79
Reps	161 66
Velours	212 01
Satin français	168 81
Perse avec volant	149 30
Damas laine et soie	199 92
Damas de Lyon	310 82
Peau	237 21
Drap	176 71
Satin soie uni	267 82

Capitonnées

EN	fr. c.
Damas laine	168 42
Reps	175 77
Velours	236 37
Satin français	184 17
Perse avec volant	160 59
Damas laine et soie	219 98
Damas de Lyon	362 18
Peau	278 37
Drap	195 87
Satin soie uni	299 70

85	Boutons à capiton	2 10

p. 100 en plus.

Frais généraux	....
Bénéfice	....
TOTAL	....

ALBUM N° 7 QUÊTIN

CHAISE ANGLAISE

Planche N° 25

Garnitures tendues

Quantité m. c.		fr. c.
»	Bois et roulettes	11 »
5 50	Sangle......	» 66
9 »	Élastiques....	1 80
1 10	Toile forte....	1 37
1 15	— embourrure..	» 97
1 80	— blanche..	1 17
» 60	Percaline.....	» 30
2k600	Crin.........	14 95
	Façon.......	9 »
	Couture et apprêt..	» 50
	Clous et ficelle	1 »
	Menus frais...	» 25
	Prix en blanc.	42 97

Garnitures capitonnées

Quantité m. c.		fr. c.
»	Bois et roulettes	11 »
5 50	Sangle.......	» 66
9 »	Élastiques....	1 80
1 10	Toile forte....	1 37
» 80	— embourrure...	» 68
2 20	— blanche..	1 98
» 60	Percaline.....	» 30
2k600	Crin.........	14 95
	Façon........	11 »
	Couture et apprêt.	» 75
	Clous et ficelle.	1 25
	Menus frais..	» 25
	Prix en blanc.	45 99

PASSEMENTERIES

en soie

Quantité m. c.		fr. c.
1 90	Frange.......	22 80
1 60	Lézarde à s...	1 44
	Total.....	24 24

en laine et soie

Quantité m. c.		fr. c.
1 90	Frange.......	13 30
1 60	Lézarde à s...	1 44
	Total	14 74

en laine

Quantité m. c.		fr. c.
1 90	Frange.......	6 17
1 60	Lézarde à s...	1 44
	Total.....	7 61

pour la Perse

Quantité m. c.		fr. c.
3 25	Frange à boulots..	3 57
3 50	Galon frisé...	1 05
»	Façon volant..	1 50
	Total.....	6 12

ETOFFES

Tendues

Quantité m. c.	EN	fr. c.
1 45	Damas laine...	7 61
1 45	Reps.........	10 15
2 40	Velours......	28 80
1 45	Satin français.	13 05
2 75	Perse avec volant..	6 87
1 45	Damas laine et soie.	20 30
2 75	Damas de Lyon	49 50
3 »	Peau ou maroquin..	33 »
1 45	Drap.........	15 95
1 45	Satin soie uni en 140	40 60
1 45	Moleskine....	5 80

Capitonnées

Quantité m. c.	EN	fr. c.
1 85	Damas laine...	9 71
1 85	Reps........	12 95
3 10	Velours......	37 20
1 85	Satin français.	16 65
3 »	Perse avec volant..	7 50
1 85	Damas laine et soie.	25 90
3 75	Damas de Lyon	67 50
3 1/2	Peau ou maroquin..	38 50
1 85	Drap.........	20 35
1 85	Satin soie uni en 140	51 80
1 85	Moleskine....	7 40

Prix net couverte

Tendues

EN	fr. c.
Damas laine........	58 19
Reps............	60 73
Velours...........	79 38
Satin français......	63 63
Perse avec volant...	55 96
Damas laine et soie..	78 01
Damas de Lyon.....	116 71
Peau..............	83 58
Drap..............	66 53
Satin soie uni en 140.	107 81
Moleskine..........	56 38

Capitonnées

EN	fr. c.
Damas laine........	63 91
Reps............	67 15
Velours..........	91 40
Satin français......	70 85
Perse avec volant..	60 21
Damas laine et soie..	87 23
Damas de Lyon.....	138 33
Peau..............	92 70
Drap..............	74 55
Satin soie uni.......	122 63
Moleskine..........	61 60

24	Boutons à capiton..................	» 60

p. 100 en plus.	Frais généraux	
	Bénéfices.....	
	Total...	

ALBUM N° 7 QUÉTIN

FAUTEUIL ANGLAIS

Planche N° 25

Garnitures tendues

Quantité m. c.		fr. c.
» »	Bois et roulettes	17 »
7 70	Sangle	» 92
11 »	Élastiques	2 75
1 80	Toile forte	2 25
2 20	— embourrure	1 87
3 05	— blanche	1 98
» 70	Percaline	» 35
4k500	Crin	25 87
	Façon	15 »
	Couture et apprêt	2 »
	Clous et ficelle	1 50
	Menus frais	» 50
	Prix en blanc	71 99

Garnitures capitonnées

Quantité m. c.		fr. c.
» »	Bois et roulettes	17 »
7 70	Sangle	» 92
11 »	Élastiques	2 75
1 80	Toile forte	2 25
» 80	— embourrure	» 68
3 60	— blanche	3 24
» 70	Percaline	» 35
4k500	Crin	25 87
	Façon	18 »
	Couture et apprêt	2 »
	Clous et ficelle	1 75
	Menus frais	» 50
	Prix en blanc	75 31

PASSEMENTERIES

en soie

Quantité m. c.		fr. c.
2 50	Frange	30 »
4 »	Lézarde à s	3 60
2	Glands	6 »
	Total	39 60

en laine et soie

Quantité m. c.		fr. c.
2 50	Frange	17 50
4 »	Lézarde à s	3 60
2	Glands	3 50
	Total	24 60

en laine

Quantité m. c.		fr. c.
2 50	Frange	8 12
4 »	Lézarde à s	3 60
2	Glands	2 60
	Total	14 32

pour la Perse

Quantité m. c.		fr. c.
5 »	Frange à boulots	5 50
7 50	Galon frisé	2 25
«	Façon volante	2 »
	Total	9 75

ÉTOFFES

Tendues

Quantité m. c.	EN	fr. c.
2 20	Damas laine	11 55
2 20	Reps	15 40
3 75	Velours	45 »
2 20	Satin français	19 80
4 75	Perse avec volant	11 87
2 20	Damas laine et soie	30 80
5 »	Damas de Lyon	90 »
5 »	Peau ou maroquin	55 »
2 20	Drap	24 20
2 20	Satin uni en 140	61 60
2 20	Moleskine	8 80

Capitonnées

Quantité m. c.	EN	fr. c.
2 55	Damas laine	13 38
2 55	Reps	17 85
5 20	Velours	62 40
2 55	Satin français	22 95
5 15	Perse avec volant	12 87
2 55	Damas laine et soie	35 70
6 40	Damas de Lyon	115 20
7 1/2	Peau ou maroquin	82 50
2 55	Drap	28 05
2 55	Satin uni en 140	71 40
2 55	Moleskine	10 20

Prix net couvert

Tendues

EN	fr. c.
Damas laine	97 86
Reps	101 71
Velours	131 31
Satin français	106 11
Perse avec volant	93 61
Damas laine	127 39
Damas de Lyon	201 59
Peau	141 31
Drap	110 51
Satin soie uni	173 19
Moleskine	95 11

Capitonnées

EN	fr. c.
Damas laine	103 91
Reps	108 38
Velours	152 93
Satin français	113 48
Perse avec volant	98 83
Damas laine	136 51
Damas de Lyon	231 01
Peau	173 03
Drap	118 58
Satin soie uni	187 21
Moleskine	100 73

38	Boutons à capiton	0 90

p. 100 en plus	Frais généraux	
	Bénéfice	
	TOTAL	

ALBUM N° 7 QUÉTIN

Planche N° 26

CANAPÉ ANGLAIS

de 180

Garnitures tendues

Quantité m. c.		fr. c.
» »	Bois et roulettes	30 »
22 »	Sangle	2 64
35 »	Élastiques	8 75
4 »	Toile forte	5 »
3 80	— embourrure	3 23
6 35	— blanche	4 12
1 85	Percaline	» 93
11k »	Crin	53 25
	Façon	32 »
	Couture et apprêt	4 50
	Clous et ficelle	3 »
	Menus frais	1 »
	Prix en blanc	148 42

Garnitures capitonnées

Quantité m. c.		fr. c.
» »	Bois et roulettes	30 »
22 »	Sangle	2 64
35 »	Elastiques	8 75
4 »	Toile forte	5 »
1 80	— embourrure	1 53
9 80	— blanche	8 82
1 85	Percaline	» 93
11k »	Crin	53 25
	Façon	38 »
	Couture et apprêt	5 »
	Clous et ficelle	3 50
	Menus frais	1 »
	Prix en blanc	158 42

PASSEMENTERIES

en soie

Quantité m. c.		fr. c.
4 90	Frange	58 80
5 »	Lézarde à s	4 50
2	Glands	6 »
	Total	69 30

en laine et soie

Quantité m. c.		fr. c.
4 90	Frange	34 30
5 »	Lézarde à s	4 50
2	Glands	3 50
	Total	42 30

en laine

Quantité m. c.		fr. c.
4 90	Frange	15 92
5 »	Lézarde à s	4 50
2	Glands	2 60
	Total	23 02

pour la Perse

Quantité m. c.		fr. c.
8 30	Frange à boulets	9 13
11 »	Galon frisé	3 30
	Façon volant	4 »
	Total	16 43

ÉTOFFES

Tendues

Quantité m. c.	EN	fr. c.
4 20	Damas laine	22 05
4 20	Reps	29 40
8 65	Velours	103 80
4 20	Satin français	37 80
9 »	Perse avec volant	22 50
4 20	Damas laine et soie	58 80
10 »	Damas de Lyon	180 »
11 »	Peau ou maroquin	121 »
4 20	Drap	46 20
4 20	Satin soie uni en 140	117 60
4 20	Moleskine	16 80

Capitonnées

Quantité m. c.	EN	fr. c.
5 10	Damas laine	26 77
5 10	Reps	35 70
11 25	Velours	135 »
5 10	Satin français	45 90
10 50	Perse avec volant	26 25
5 10	Damas laine et soie	71 40
12 40	Damas de Lyon	223 20
16 »	Peau ou maroquin	176 »
5 20	Drap	57 20
5 20	Satin soie uni en 140	145 60
5 20	Moleskine	20 80

112	Boutons à capiton	2 80

Prix net couvert

Tendues

EN	fr. c.
Damas laine	193 49
Reps	200 84
Velours	275 24
Satin français	209 24
Perse avec volant	187 35
Damas laine et soie	249 52
Damas de Lyon	397 72
Peau	292 44
Drap	217 64
Satin soie uni	335 32
Moleskine	188 24

Capitonnées

EN	fr. c.
Damas laine	211 01
Reps	219 94
Velours	319 24
Satin français	230 14
Perse avec volant	203 90
Damas laine et soie	274 92
Damas de Lyon	453 72
Peau	360 24
Drap	244 44
Satin soie uni	376 12
Moleskine	205 04

p. 100 en plus.

Frais généraux	
Bénéfice	
TOTAL	

ALBUM N° 7 QUÉTIN

14me livr., Planche N° 107

CHAISE MARIE-ANTOINETTE

à crosses

Garnitures tendues

Quantité m. c.		fr. c.
»	Bois et roulettes	18 »
5 40	Sangle	» 65
8 »	Élastiques	1 60
1 30	Toile forte....	1 62
1 30	— embourrure..	1 10
2 »	— blanche.	1 30
» 60	Percaline.....	» 30
3k »	Crin	17 25
	Façon	12 »
	Couture et apprêt.	1 »
	Clous et ficelle.	1 25
	Menus frais...	» 50
	Prix en blanc.	56 57

Garnitures capitonnées

Quantité m. c.		fr. c.
»	Bois et roulettes	18 »
5 40	Sangle	» 65
8 »	Élastiques	1 60
1 30	Toile forte....	1 62
» 80	— embourrure...	» 68
3 30	— blanche..	2 97
» 60	Percaline.....	» 30
3k »	Crin	17 25
	Façon........	14 »
	Couture et apprêt.	1 »
	Clous et ficelle.	1 25
	Menus frais...	» 50
	Prix en blanc.	59 82

PASSEMENTERIES

en soie

Quantité m. c		fr. c.
1 95	Frange.......	23 40
2 25	Lézarde à s. .	2 02
2	Glands.......	6 »
	Total.....	31 42

en laine et soie

Quantité m. c.		fr. c.
1 95	Frange.......	13 65
2 25	Lezarde......	2 02
2	Glands.......	3 50
	Total....	19 17

en laine

Quantité m. c.		fr. c.
1 95	Frange.......	6 33
2 25	Lézarde à s....	2 02
2	Glands.......	2 60
	Total....	10 95

pour la Perse

Quantité m. c.		fr. c.
3 20	Frange à boulots..	3 52
8 »	Galon frisé....	2 40
»	Façon volant..	2 »
	Total.....	7 92

ETOFFES

Tendues

Quantité m. c.	EN	fr. c.
1 80	Damas laine...	9 45
1 80	Reps...	12 60
3 »	Velours.......	36 »
1 80	Satin français.	16 20
3 20	Perse avec volant	8 »
1 80	Damas laine et soie.	25 20
3 65	Damas de Lyon	65 70
1 80	Drap........	19 80
1 80	Satin soie uni en 140	50 40

Capitonnées

Quantité m. c.		fr. c.
2 »	Damas laine...	10 50
2 »	Reps........	14 »
3 60	Velours.......	43 20
2 »	Satin français.	18 »
3 90	Perse avec volant	9 75
2 »	Damas laine et soie.	28 »
4 50	Damas de Lyon	81 »
2 »	Drap........	22 »
2 »	Satin soie uni en 140	56 »

Prix net couverte

Tendues

EN	fr. c.
Damas laine........	76 97
Reps...	80 12
Velours............	103 52
Satin français.......	83 72
Perse avec volant...	72 49
Damas laine et soie.	100 94
Damas de Lyon.....	153 69
Drap..............	87 32
Satin soie uni en 140	138 39

Capitonnées

EN	fr. c.
Damas laine........	82 27
Reps..............	85 77
Velours............	114 97
Satin français	89 77
Perse avec volant...	78 49
Damas laine et soie..	107 99
Damas de Lyon.....	173 24
Drap..............	93 77
Satin soie uni.......	148 24

40	Boutons à capiton..........................	1 »

p. 100 en plus	Frais généraux	....
	Bénéfice......	....
	TOTAL...	....

ALBUM N° 7 QUÉTIN

FAUTEUIL MARIE-ANTOINETTE

14me livr., Planche N° 107

Garnitures tendues

Quantité m. c.		fr. c.
» »	Bois et roulettes	20 »
6 60	Sangle........	» 79
9 »	Élastiques	2 25
1 45	Toile forte....	1 81
1 50	— embourrure ..	1 27
2 70	— blanche .	1 75
» 70	Percaline.....	» 35
4k »	Crin..........	23 »
	Façon........	14 »
	Couture et apprêt .	1 25
	Clous et ficelle.	1 50
	Menus frais...	» 50
	Prix en blanc.	68 47

Garnitures capitonnées

Quantité m. c.		fr. c.
» »	Bois et roulettes	20 »
6 60	Sangle	» 79
9 »	Élastiques	2 25
1 45	Toile forte. ..	1 81
» 65	— embourrure ..	» 55
4 10	— blanche .	3 69
» 70	Percaline.....	» 35
4k »	Crin	23 »
	Façon........	16 »
	Couture et apprêt.	1 25
	Clous et ficelle.	1 75
	Menus frais...	» 50
	Prix en blanc.	71 94

PASSEMENTERIES

en soie

Quantité m. c.		fr. c.
2 20	Frange.......	26 40
2 60	Lézarde à s ...	2 34
2	Glands	6 »
	Total...	34 74

en laine et soie

Quantité m. c.		fr. c.
2 20	Frange... ...	15 40
2 60	Lézarde à s ...	2 34
2	Glands	3 50
	Total...	21 24

en laine

Quantité m. c.		fr. c.
2 20	Frange.......	7 15
2 68	Lézarde à s ...	2 34
2	Glands	2 60
	Total...	12 09

pour la Perse

Quantité m. c.		fr. c.
3 70	Frange à boulets..	4 07
5 80	Galon frisé....	1 74
»	Façon volant..	2 »
	Total...	7 81

ÉTOFFES

Tendues

Quantité m. c.	EN	fr. c.
2 15	Damas laine...	11 28
2 15	Reps.........	15 05
3 50	Velours.......	42 »
2 15	Satin français.	19 35
4 50	Perse avec volant	11 25
2 15	Damas laine et soie.	30 10
4 10	Damas de Lyon	73 80
2 15	Drap.........	23 65
2 15	Satin soie uni en 140.	60 20

Capitonnées

Quantité m. c.	EN	fr. c.
2 50	Damas laine ..	13 12
2 50	Reps.........	17 50
4 80	Velours	57 60
2 50	Satin français.	22 50
5 »	Perse avec volant	12 50
2 50	Damas laine et soie.	35 »
5 90	Damas de Lyon	106 25
2 50	Drap.	27 50
2 50	Satin soie uni en 140.	70 »

Prix net couvert

Tendues

EN	fr. c.
Damas laine........	91 84
Reps	95 61
Velours............	122 56
Satin français	99 91
Perse avec volant...	87 53
Damas laine et soie..	119 81
Damas de Lyon.....	177 01
Drap	104 21
Satin soie uni......	163 41

Capitonnées

EN	fr. c.
Damas laine........	98 15
Reps	102 53
Velours............	142 63
Satin français	107 53
Perse avec volant..	93 25
Damas laine et soie.	129 18
Damas de Lyon.....	213 88
Drap	112 53
Satin soie uni	177 68

40	Boutons à capiton............	1 »

p. 100 en plus.		
	Frais généraux	
	Bénéfice......	
	TOTAL...	

ALBUM QUÉTIN

14me livraison

CANAPÉ MARIE-ANTOINETTE

de 160

Garnitures tendues

Quantité m. c.		fr. c.
»	Bois et roulettes	32 »
17 »	Sangle	2 04
27 »	Élastiques	6 75
3 10	Toile forte	3 87
3 20	— embourrure	2 72
5 05	— blanche	3 28
1 65	Percaline	» 83
9k »	Crin	51 75
	Façon	30 »
	Couture et apprêt	2 50
	Clous et ficelle	2 50
	Menus frais	1 »
	Prix en blanc	139 24

Garnitures capitonnées

Quantité m. c.		fr. c.
»	Bois et roulettes	32 »
17 »	Sangle	2 04
27 »	Élastiques	6 75
3 10	Toile forte	3 87
1 65	— embourrure	1 40
7 05	— blanche	6 34
1 65	Percaline	» 83
9k »	Crin	51 75
	Façon	35 »
	Couture et apprêt	3 »
	Clous et ficelle	2 50
	Menus frais	1 »
	Prix en blanc	146 48

PASSEMENTERIES

en soie

Quantité m. c.		fr. c.
3 70	Frange	44 40
3 40	Lézarde à s	3 06
2	Glands	6 »
	Total	53 46

en laine et soie

Quantité m. c.		fr. c.
3 70	Frange	25 90
3 40	Lézarde à s	3 06
2	Glands	3 50
	Total	32 46

en laine

Quantité m. c.		fr. c.
3 70	Frange	12 06
3 40	Lézarde à s	3 06
2	Glands	2 60
	Total	17 68

pour la Perse

Quantité m. c.		fr. c.
6 25	Frange à boulots	6 87
9 65	Galon frisé	2 89
»	Façon volant	4 »
	Total	13 76

ÉTOFFES

Tendues

Quantité m. c.	EN	fr. c.
4 10	Damas laine	21 52
4 10	Reps	28 70
7 50	Velours	90 »
4 10	Satin français	36 90
7 60	Perse avec volant	19 »
4 10	Damas laine et soie	57 40
9 45	Damas de Lyon	170 10
4 10	Drap	45 10
4 10	Satin soie uni en 140	114 80

Capitonnées

Quantité m. c.	EN	fr. c.
5 25	Damas laine	27 56
5 25	Reps	36 75
9 45	Velours	113 40
5 25	Satin français	47 25
9 50	Perse avec volant	23 75
5 25	Damas laine et soie	73 50
11 75	Damas de Lyon	211 50
5 25	Drap	57 75
5 25	Satin soie uni en 140	147 »

Prix net couvert

Tendues

EN	fr. c.
Damas laine	178 44
Reps	185 62
Velours	246 92
Satin français	193 82
Perse avec volant	172 »
Damas laine et soie	229 10
Damas de Lyon	362 80
Drap	202 02
Satin soie uni	307 50

Capitonnées

EN	fr. c.
Damas laine	193 92
Reps	203 11
Velours	279 76
Satin français	213 61
Perse avec volant	186 19
Damas laine et soie	254 64
Damas de Lyon	413 64
Drap	224 »
Satin soie uni	349 14

88	Boutons à capiton	2 20

p. 100 en plus.	Frais généraux	
	Bénéfice	
	TOTAL	

LIT LOUIS XV GARNI

Garnitures capitonnées

Quantité m. c.		fr. c.
»	Bois	45 »
12 »	Bourrelet	3 »
1 75	Toile forte	2 18
8 »	— blanche	5 20
5 »	Percaline	2 50
6k »	Crin	34 50
	Façon	40 »
	Couture et apprêt	6 »
	Clous et ficelle	4 »
	Menus frais	1 »
	Prix en blanc	143 38

PASSEMENTERIES

en soie

Quantité m. c.		fr. c.
5 50	Frange	66 »
12 50	Callé	36 25
	Total	102 25

en laine et soie

Quantité m. c.		fr. c.
5 50	Frange	38 50
12 50	Callé	15 62
	Total	54 12

en laine

Quantité m. c		fr. c.
5 50	Frange	17 87
12 50	Callé	11 25
	Total	29 12

pour la Perse

Quantité m. c.		fr. c.
9 50	Frange à boulets	10 45
9 50	Galon frisé	2 85
	Façon volant	5 »
	Total	18 30

ETOFFES

Capitonnées

EN

Quantité m. c.		fr. c.
7 50	Damas de laine	39 37
7 50	Reps	52 50
14 50	Velours	174 »
7 50	Satin français	67 50
12 »	Perse avec volant	30 »
7 50	Damas laine et soie	105 »
7 50	Damas des Indes	165 »
7 50	Satin soie uni en 140	210 »

216	Boutons à capiton	5 40

Prix net couvert

Capitonnées

EN

	fr. c.
Damas de laine	217 27
Reps	230 40
Velours	351 90
Satin français	245 40
Perse avec volant	197 08
Damas laine et soie	307 90
Damas des Indes	416 03
Satin soie uni en 140	461 03

p. 100 en plus.	Frais généraux	
	Bénéfice	
	TOTAL	

ALBUM N° 7 QUÉTIN

Planche N° 32

CHAISE CHAUFFEUSE

à rouleau

Garnitures capitonnées

Quantité m. c.		fr. c.
»	Bois et roulettes	14 50
7 50	Sangle	» 90
9 »	Élastiques	1 80
» 75	Toile forte	» 93
» 80	Toile embourrure	» 68
2 »	Toile blanche	1 80
» 75	Percaline	» 38
2k500	Crin	14 37
	Façon	12 »
	Couture et apprêt	1 »
	Clous et ficelle	1 50
	Menus frais	» 50
	Prix en blanc	50 36

PASSEMENTERIES

en soie

Quantité m. c.		fr. c.
1 50	Lézarde à *s*.	1 35
1 90	Frange	22 80
2	Glands	6 »
	Total	30 15

en laine et soie

Quantité m. c.		fr. c.
1 50	Lézarde à *s*.	1 35
1 90	Frange	13 30
2	Glands	3 50
	Total	18 15

en laine

Quantité m. c.		fr. c.
1 50	Lézarde à *s*	1 35
1 90	Frange en 20 c.	6 17
2	Glands	2 60
	Total	10 12

ETOFFES

Capitonnées

EN

Quantité m. c.		fr. c.
4 »	Velours	48 »
2 10	Satin français	18 90
2 10	Damas laine et soie	29 40
4 40	Damas de Lyon	79 20
2 10	Satin soie uni en 140	58 80

28	Boutons à capitons	» 70

Prix net couverte

Capitonnées

EN

	fr. c.
Velours	109 18
Satin français	80 08
Damas laine et soie	98 61
Damas de Lyon	160 41
Satin soie uni	140 01

p. 100 en plus	Frais généraux	
	Benéfice	
	TOTAL	

ALBUM N° 7 QUÉTIN

Planche N° 40

PUFF

De 0m 65 c. de diamètre.

Garnitures capitonnées

Quantité m. c.		fr. c.
»	Bois et roulettes.	11 »
5 »	Sangle	» 60
11 »	Élastiques.	2 75
1 40	Toile forte.	1 75
» 85	Toile embourrure	» 72
2 10	Toile blanche.	1 89
1 65	Percaline	» 83
2k500	Crin.	14 37
	Façon	15 »
	Couture et apprêt	1 25
	Clous et ficelle	1 50
	Menus frais	» 50
	Prix en blanc	52 16

PASSEMENTERIES

en soie

Quantité m. c.		fr. c.
1 90	Frange en 25c	28 50
	Total	28 50

en laine et soie

Quantité m. c.		fr. c.
1 90	Frange en 25c	19 »
	Total	19 »

en laine

Quantité m. c.		fr. c.
1 90	Frange en 25 c..	7 60
	Total.	7 60

ETOFFES

Capitonnées

EN

Quantité m. c.		fr. c.
2 10	Velours.	25 20
1 05	Satin français.	9 45
1 05	Damas laine et soie.	14 70
2 20	Damas de Lyon	39 60
1 05	Satin soie uni en 140	29 40

46	Boutons à capitons	1 15

Prix net couvert

Capitonnées

EN

	fr. c.
Velours	86 11
Satin français	70 36
Damas laine et soie.	87 01
Damas de Lyon.	121 41
Satin soie uni	111 21

Frais généraux	
Bénéfice	
Total	

ALBUM QUÉTIN

FAUTEUIL POMPADOUR

Garnitures tendues

Quantité m. c.		fr. c.
»	Bois et roulettes	18 »
6 50	Sangle	» 78
9 »	Élastiques	2 25
1 60	Toile forte	2 »
1 90	— embourrure	1 61
2 80	— blanche	1 82
» 70	Percaline	» 35
4k200	Crin	24 15
	Façon	15 »
	Couture et apprêt	1 25
	Clous et ficelle	1 50
	Menus frais	» 50
	Prix en blanc	69 21

Garnitures capitonnées

Quantité m. c.		fr. c.
»	Bois et roulettes	18 »
6 50	Sangle	» 78
9 »	Élastiques	2 25
1 60	Toile forte	2 »
» 60	— embourrure	» 51
4 20	— blanche	3 78
» 70	Percaline	» 35
4k200	Crin	24 15
	Façon	18 »
	Couture et apprêt	1 50
	Clous et ficelle	1 50
	Menus frais	» 50
	Prix en blanc	73 32

PASSEMENTERIES

en soie

Quantité m. c.		fr. c.
2 25	Frange	27 »
2 60	Lézarde à s.	2 34
2	Glands	6 »
	Total	35 34

en laine et soie

Quantité m. c.		fr. c.
2 25	Frange	15 75
2 60	Lézarde à s.	2 34
2	Glands	3 50
	Total	21 59

en laine

Quantité m. c.		fr. c.
2 25	Frange	7 31
2 60	Lézarde à s	2 34
2	Glands	2 60
	Total	12 25

pour la Perse

Quantité m. c.		fr. c.
3 60	Frange à boulots	3 96
5 50	Galon frisé	1 65
	Façon volant	2 »
	Total	7 61

ÉTOFFES

Tendues

Quantité m. c.	EN	fr. c.
2 25	Damas laine	11 71
2 25	Reps	15 75
3 75	Velours	45 »
2 25	Satin français	20 25
4 60	Perse avec volant	11 50
2 25	Damas laine et soie	31 50
4 85	Damas de Lyon	87 30
2 25	Satin soie uni en 140	63 »

Capitonnées

Quantité m. c.	EN	fr. c.
2 50	Damas laine	13 12
2 50	Reps	17 50
5 »	Velours	60 »
2 50	Satin français	22 50
5 10	Perse avec volant	12 75
2 50	Damas laine et soie	35 »
5 80	Damas de Lyon	104 40
2 50	Satin soie uni en 140	70 »

Prix net couvert

Tendues

EN	fr. c.
Damas laine	93 17
Reps	97 21
Velours	126 46
Satin français	101 71
Perse avec volant	88 32
Damas laine et soie	122 30
Damas de Lyon	191 85
Satin soie uni	167 55

Capitonnées

EN	fr. c.
Damas laine	99 69
Reps	104 07
Velours	146 57
Satin français	109 07
Perse avec volant	94 68
Damas laine et soie	130 91
Damas de Lyon	214 06
Satin soie uni	179 66

40	Boutons à capiton	1 »

p. 100 en plus.	Frais généraux	....
	Bénéfice	....
	TOTAL	....

CHAISE POMPADOUR

à genoux

Garnitures tendues

Quantité m. c.		fr. c.
»	Bois et roulettes	15 »
5 50	Sangle	» 66
8 »	Élastiques	1 60
1 45	Toile forte	1 81
1 40	— embourrure	1 19
2 10	— blanche	1 36
» 65	Percaline	» 33
3k 600	Crin	20 70
	Façon	12 »
	Couture et apprêt	1 »
	Clous et ficelle	1 25
	Menus frais	» 25
	Prix en blanc	57 15

Garnitures capitonnées

Quantité m. c.		fr. c.
»	Bois et roulettes	15 »
5 50	Sangle	» 66
8 »	Élastiques	1 60
1 45	Toile forte	1 81
» 60	— embourrure	» 51
3 30	— blanche	2 97
» 65	Percaline	» 33
3k 600	Crin	20 70
	Façon	14 »
	Couture et apprêt	1 »
	Clous et ficelle	1 50
	Menus frais	» 25
	Prix en blanc	60 33

PASSEMENTERIES

en soie

Quantité m. c.		fr. c.
2 »	Frange	24 »
2 15	Lézarde à s.	1 93
	Total	25 93

en laine et soie

Quantité m. c.		fr. c.
2 »	Frange	14 »
2 15	Lézarde à s.	1 93
	Total	15 93

en laine

Quantité m. c.		fr. c.
2 »	Frange	6 50
2 15	Lézarde à s.	1 93
	Total	8 43

pour la Perse

Quantité m. c.		fr. c.
3 40	Frange à boulets	3 74
4 25	Galon frisé	1 27
	Façon volant	1 50
	Total	6 51

ÉTOFFES

Tendues

Quantité m. c.	EN	fr. c.
1 55	Damas laine	8 13
1 55	Reps	10 85
2 90	Velours	34 80
1 55	Satin français	13 95
3 05	Perse avec volant	7 62
1 55	Damas laine et soie	21 70
3 40	Damas de Lyon	61 20
1 55	Satin soie uni en 140	43 40

Capitonnées

Quantité m. c.	EN	fr. c.
2 »	Damas laine	10 50
2 »	Reps	14 »
3 90	Velours	46 80
2 »	Satin français	18 »
3 40	Perse avec volant	8 50
2 »	Damas laine et soie	28 »
4 35	Damas de Lyon	78 30
2 »	Satin soie uni en 140	56 »

Prix net couverte

Tendues

EN	fr. c.
Damas laine	73 71
Reps	76 43
Velours	100 38
Satin français	79 53
Perse avec volant	71 28
Damas laine et soie	94 78
Damas de Lyon	144 28
Satin soie uni	126 48

Capitonnées

EN	fr. c.
Damas laine	79 91
Reps	83 41
Velours	116 21
Satin français	87 41
Perse avec volant	75 99
Damas laine et soie	104 91
Damas de Lyon	165 21
Satin soie uni	142 91

32	Boutons à capitons	» 65

p. 100 en plus. Frais généraux ______ Bénéfice ______ TOTAL ______

ALBUM QUÉTIN

0me livr., Planche N° 75

CHAISE LONGUE

deux têtes, genre puff

Garnitures tendues

Quantité m. c.		fr. c.
»	Bois et roulettes	26 »
21 »	Sangle	2 52
27 »	Élastiques	6 75
3 30	Toile forte ...	4 12
3 »	— embourrure..	2 55
4 50	— blanche..	2 92
1 70	Percaline.....	» 85
10k »	Crin	57 50
	Façon........	28 »
	Couture et apprêt.	2 25
	Clous et ficelle.	1 50
	Menus frais ...	» 50
	Prix en blanc.	135 46

Garnitures capitonnées

Quantité m. c.		fr. c.
»	Bois et roulettes	26 »
21 »	Sangle	2 52
27 »	Élastiques	6 75
3 30	Toile forte....	4 12
1 40	— embourrure ..	1 19
6 10	— blanche.	5 49
1 70	Percaline	» 85
10k »	Crin..........	57 50
	Façon........	30 »
	Couture et apprêt.	1 50
	Clous et ficelle.	1 50
	Menus frais. ..	» 50
	Prix en blanc.	137 92

PASSEMENTERIES

en soie

Quantité m. c.		fr. c
3 80	Frange.......	45 60
4 »	Lézarde à s ...	3 60
2	Glands	6 »
	Total...	55 20

en laine et soie

Quantité m. c.		fr. c.
3 80	Frange.......	26 60
4 »	Lézarde à s ...	3 60
2	Glands	3 50
	Total. ...	33 70

en laine

Quantité m. c.		fr. c.
3 80	Frange.......	12 35
4 »	Lézarde à s ...	3 60
2	Glands	2 60
	Total.....	18 55

pour la Perse

Quantité m. c.		fr. c.
6 60	Frange à boulots..	7 26
7 80	Galon frisé....	2 34
	Façon volant. .	4 »
	Total.....	13 60

ETOFFES

Tendues

Quantité m. c.	EN	fr. c.
4 »	Damas laine ..	21 »
4 »	Reps.........	28 »
6 90	Velours	82 80
4 »	Satin français .	36 »
7 25	Perse avec volant. .	18 12
4 »	Damas laine et soie.	56 »
8 10	Damas de Lyon	145 80
4 »	Satin soie uni en 140	112 »

Capitonnées

Quantité m. c.	EN	fr. c.
5 »	Damas laine...	26 25
5 »	Reps....... ...	35 »
10 »	Velours......	120 »
5 »	Satin français .	45 »
8 50	Perse avec volant ..	21 25
5 »	Damas laine et soie.	70 »
11 40	Damas de Lyon	205 20
5 »	Satin soie uni en 140	140 »

Prix net couverte

Tendues

EN	fr. c.
Damas laine........	175 01
Reps.............	182 01
Velours........ ...	236 81
Satin français	190 01
Perse avec volant...	167 18
Damas laine et soie..	225 16
Damas de Lyon.....	336 46
Satin soie uni.......	302 66

Capitonnées

EN	fr. c.
Damas laine........	185 47
Reps.............	194 22
Velours......... ..	279 22
Satin français	204 22
Perse avec volant. .	175 52
Damas laine et soie..	244 37
Damas de Lyon	401 07
Satin soie uni.	335 87

110	Boutons à capiton.........	2 75

p. 100 en plus.	Frais généraux	....
	Bénéfice.....	....
	TOTAL....	....

ALBUM QUÉTIN

7me livr., Planche N° 49

CHAISE LONGUE ANGLAISE

à rouleau

Garnitures tendues

Quantité m. c.		fr. c.
»	Bois et roulettes	32 »
20 »	Sangle	2 40
29 »	Élastiques	7 25
3 »	Toile forte	3 75
3 10	— embourrure	2 63
4 25	— blanche	2 76
1 70	Percaline	» 85
10k »	Crin	57 50
	Façon	28 »
	Couture et apprêt	2 »
	Clous et ficelle	2 50
	Menus frais	1 »
	Prix en blanc	142 64

Garnitures capitonnées

Quantité m. c.		fr. c.
»	Bois et roulettes	32 »
20 »	Sangle	2 40
29 »	Élastiques	7 25
3 »	Toile forte	3 75
1 70	— embourrure	1 44
6 80	— blanche	6 12
1 70	Percaline	» 85
10k »	Crin	57 50
	Façon	30 »
	Couture et apprêt	2 50
	Clous et ficelle	3 »
	Menus frais	1 »
	Prix en blanc	147 81

PASSEMENTERIES

en soie

Quantité m. c.		fr. c.
4 55	Frange	54 60
5 »	Lézarde à s	4 50
4	Glands	12 »
	Total	71 10

en laine et soie

Quantité m. c.		fr. c.
4 55	Frange	31 85
5 »	Lézarde à s	4 50
4	Glands	7 »
	Total	43 35

en laine

Quantité m. c.		fr. c.
4 55	Frange	14 78
5 »	Lézarde à s	4 50
4	Glands	5 20
	Total	24 48

pour la Perse

Quantité m. c.		fr. c.
8 50	Frange à boulots	9 35
11 »	Galon frisé	3 30
	Façon volant	7 »
	Total	16 65

ETOFFES

Tendues

Quantité m. c.	EN	fr. c.
3 55	Reps	24 85
6 45	Velours	77 40
3 55	Satin français	31 95
6 60	Perse avec volant	16 50
3 55	Damas laine et soie	49 70
7 80	Damas de Lyon	140 40
3 55	Satin soie uni en 140	99 40

Capitonnées

Quantité m. c.	EN	fr. c.
4 55	Reps	31 85
7 90	Velours	94 80
4 55	Satin français	40 95
7 70	Perse avec volant	19 25
4 55	Damas laine et soie	63 70
11 »	Damas de Lyon	198 »
4 55	Satin soie uni en 140	127 40

Prix net couverte

Tendues

EN	fr. c.
Reps	191 97
Velours	244 52
Satin français	199 07
Perse avec volant	175 79
Damas laine et soie	235 69
Damas de Lyon	354 14
Satin soie uni	313 14

Capitonnées

EN	fr. c.
Reps	205 94
Velours	268 89
Satin français	215 04
Perse avec volant	185 51
Damas laine et soie	256 66
Damas de Lyon	418 71
Satin soie uni	348 11

76	Boutons à capiton	1 80

p. 100 en plus: Frais généraux ...... ; Bénéfice ...... ; TOTAL ......

ALBUM QUÉTIN

27me livr., Planche N° 209

CHAISE ANGLAISE A ROULEAU

Garnitures tendues

Quantité m. c.		fr. c.
»	Bois et roulettes	12 »
5 50	Sangle	» 66
9 »	Élastiques	1 80
1 10	Toile forte....	1 37
1 40	— embourrure..	1 19
1 90	— blanche.	1 23
» 60	Percaline. ...	» 30
2k800	Crin	16 10
	Façon.......	10 »
	Couture et apprêt.	» 50
	Clous et ficelle.	1 »
	Menus frais...	» 50
	Prix en blanc.	46 65

Garnitures capitonnées

Quantité m. c.		fr. c.
» »	Bois et roulettes	12 »
5 50	Sangle	» 66
9 »	Élastiques	1 80
1 10	Toile forte...	1 37
» 80	— embourrure..	» 68
2 20	— blanche.	2 08
» 60	Percaline.....	» 30
2k800	Crin	16 10
	Façon........	13 »
	Couture et apprêt.	» 75
	Clous et ficelle.	1 »
	Menus frais...	» 50
	Prix en blanc.	50 24

PASSEMENTERIES

en soie

Quantité m. c.		fr. c.
1 95	Frange.......	23 40
1 60	Lézarde à s ...	1 44
2	Glands	6 »
	Total....	30 84

en laine et soie

Quantité m. c.		fr. c.
1 95	Frange.......	13 65
1 60	Lézarde à s ...	1 44
2	Glands	3 50
	Total....	18 59

en laine

Quantité m. c.		fr. c.
1 95	Frange.......	6 33
1 60	Lézarde à s ...	1 44
2	Glands	2 60
	Total....	10 37

pour la Perse

Quantité m. c.		fr. c.
3 30	Frange à houlots..	3 63
3 60	Galon frisé....	1 08
	Façon volant..	1 50
	Total....	6 21

ÉTOFFES

Tendues

Quantité m. c.	EN	fr. c.
1 55	Damas laine...	8 13
1 55	Reps.........	10 85
2 60	Velours	31 20
1 55	Satin français.	13 95
2 85	Perse avec volant	7 12
1 55	Damas laine et soie.	21 70
2 90	Damas de Lyon	52 20
3 1/2	Peau ou maroquin..	38 50
1 55	Drap.........	17 05
1 55	Satin soie uni en 140	43 40
2 55	Moleskine	6 20

Capitonnées

Quantité m. c.	EN	fr. c.
2 »	Damas laine...	10 50
2 »	Reps.........	14 »
3 25	Velours	39 »
2 »	Satin français.	18 »
3 10	Perse avec volant	7 75
2 »	Damas laine et soie.	28 »
4 »	Damas de Lyon	72 »
4 »	Peau ou maroquin..	44 »
2 »	Drap.........	22 »
2 »	Satin soie uni en 140	56 »
2 »	Moleskine	8 »

Prix net couverte

Tendues

EN	fr. c.
Damas laine.	65 15
Reps.............	67 87
Velours....	88 22
Satin français.......	70 97
Perse avec volant...	59 98
Damas laine et soie..	86 94
Damas de Lyon.....	129 69
Peau ou maroquin...	95 52
Drap	74 07
Satin soie uni en 140.	120 89
Moleskine.........	63 22

Capitonnées

EN	fr. c.
Damas laine..	71 91
Reps.............	75 41
Velours..	100 41
Satin français	79 41
Perse avec volant...	65 »
Damas laine et soie..	97 63
Damas de Lyon.....	153 88
Peau ou maroquin ..	105 41
Drap	83 41
Satin soie uni en 140.	137 88
Moleskine.........	69 41

32	Boutons à capiton	» 80

p. 100 en plus.	Frais généraux	....
	Bénéfice.....	....
	TOTAL....	....

ALBUM QUÉTIN

FAUTEUIL ANGLAIS A ROULEAU

27me livr., Planche N° 209

Garnitures tendues			Garnitures capitonnées		
Quantité m. c.		fr. c.	Quantité m. c.		fr. c.
» »	Bois et roulettes	18 »	» »	Bois et roulettes	18 »
7 70	Sangle........	» 92	7 70	Sangle.......	» 92
11 »	Élastiques ...	2 75	11 »	Élastiques	2 75
1 80	Toile forte....	2 25	1 80	Toile forte. ..	2 25
2 50	— embourrure..	2 12	1 »	— embourrure..	» 85
3 20	— blanche.	2 08	4 30	— blanche.	3 87
» 70	Percaline.....	» 35	» 70	Percaline.....	» 35
4k700	Crin.........	27 02	4k700	Crin.........	27 02
	Façon........	15 »		Façon........	18 »
	Couture et apprêt.	1 25		Couture et apprêt.	1 50
	Clous et ficelle.	1 50		Clous et ficelle.	1 75
	Menus frais...	» 75		Menus frais...	» 75
	Prix en blanc.	73 99		Prix en blanc.	78 01

PASSEMENTERIES

en soie			en laine et soie		
Quantité m. c.		fr. c.	Quantité m. c.		fr. c.
2 50	Frange.......	30 »	2 50	Frange....	17 50
4 »	Lézarde à s...	3 60	4 »	Lézarde à s...	3 60
4	Glands.......	12 »	4	Glands.......	7 »
	Total...	45 60		Total...	28 10

en laine			pour la Perse		
Quantité m. c.		fr. c.	Quantité m. c.		fr. c.
2 50	Frange.......	8 12	5 »	Frange à boulets..	5 50
4 »	Lézarde à s...	3 60	7 80	Galon frisé ...	2 34
4	Glands.......	5 20		Façon volant..	2 »
	Total...	16 92		Total...	9 84

ÉTOFFES — Tendues			ÉTOFFES — Capitonnées			Prix net couvert — Tendues		Prix net couvert — Capitonnées	
Quantité m. c.	EN	fr. c.	Quantité m. c.	EN	fr. c.	EN	fr. c.	EN	fr. c.
2 30	Damas laine...	12 07	2 65	Damas laine ..	13 91	Damas laine........	102 98	Damas laine........	109 94
2 30	Reps.........	16 10	2 65	Reps.........	18 55	Reps.............	107 01	Reps.............	114 58
3 85	Velours.......	46 20	5 40	Velours	64 80	Velours...........	137 11	Velours	160 83
2 30	Satin français.	20 70	2 65	Satin français.	23 85	Satin français	111 61	Satin français	119 88
4 85	Perse avec volant	12 12	5 25	Perse avec volant	13 12	Perse avec volant...	95 95	Perse avec volant..	102 07
2 30	Damas laine et soie.	32 20	2 65	Damas laine et soie.	37 10	Damas laine et soie..	134 29	Damas laine et soie.	144 31
5 50	Damas de Lyon	99 »	6 70	Damas de Lyon	120 60	Damas de Lyon.....	218 59	Damas de Lyon.....	245 31
5 1/2	Peau ou maroquin..	60 50	8 »	Peau ou maroquin..	88 »	Peau	151 41	Peau	184 03
2 30	Drap.........	25 30	2 65	Drap.	29 15	Drap	116 21	Drap	125 18
2 30	Satin soie uni en 140.	64 40	2 65	Satin soie uni en 140.	74 20	Satin soie uni......	183 99	Satin soie uni	198 91
2 30	Moleskine	9 20	2 65	Moleskine	10 60	Moleskine.........	100 11	Moleskine.........	106 36

44	Boutons à capiton.....................	1 10

p. 100 en plus.

Frais généraux	....
Bénéfice......	....
TOTAL...	....

ALBUM QUÉTIN

27me livr., Planche N° 210

CANAPÉ ANGLAIS A ROULEAU

de 180

Garnitures tendues

Quantité m. c.		fr. c.
»	Bois et roulettes	32 »
22 »	Sangle	2 64
35 »	Élastiques	8 75
4 »	Toile forte	5 »
4 »	— embourrure	3 40
6 60	— blanche	4 29
1 85	Percaline	» 93
11k300	Crin	64 97
	Façon	35 »
	Couture et apprêt	2 50
	Clous et ficelle	3 50
	Menus frais	1 »
	Prix en blanc	163 98

Garnitures capitonnées

Quantité m. c.		fr. c.
»	Bois et roulettes	32 »
22 »	Sangle	2 64
35 »	Élastiques	8 75
4 »	Toile forte	5 »
1 80	— embourrure	1 53
11 10	— blanche	9 99
1 85	Percaline	» 93
11k300	Crin	64 97
	Façon	40 »
	Couture et apprêt	3 »
	Clous et ficelle	1 50
	Menus frais	1 »
	Prix en blanc	171 31

PASSEMENTERIES

en soie

Quantité m. c.		fr. c
4 90	Frange	58 80
5 »	Lézarde à s	4 50
4	Glands	12 »
	Total	75 30

en laine et soie

Quantité m. c.		fr. c.
4 90	Frange	34 30
5 »	Lézarde à s	4 50
4	Glands	7 »
	Total	45 80

en laine

Quantité m. c.		fr. c.
4 90	Frange	15 92
5 »	Lézarde à s	4 50
4	Glands	5 20
	Total	25 62

pour la Perse

Quantité m. c.		fr. c.
8 30	Frange à boulots	9 13
12 »	Galon frisé	3 60
	Façon volant	4 50
	Total	17 23

ÉTOFFES

Tendues

Quantité m. c.	EN	fr. c.
4 50	Damas laine	23 62
4 50	Reps	31 50
8 95	Velours	107 40
4 50	Satin français	40 50
9 50	Perse avec volant	23 75
4 50	Damas laine et soie	63 »
10 30	Damas de Lyon	185 40
12 »	Peau ou maroquin	132 »
4 50	Drap	49 50
4 50	Satin soie uni en 140	126 »
4 50	Moleskine	18 »

Capitonnées

Quantité m. c.	EN	fr. c.
5 20	Damas laine	27 30
5 20	Reps	36 40
11 55	Velours	138 60
5 20	Satin français	46 80
10 70	Perse avec volant	26 75
5 20	Damas laine et soie	72 80
12 70	Damas de Lyon	228 60
17 »	Peau ou maroquin	187 »
5 20	Drap	57 20
5 20	Satin soie uni en 140	145 60
5 20	Moleskine	20 80

110	Boutons à capiton	2 75

Prix net couvert

Tendues

EN	fr. c.
Damas laine	213 22
Reps	221 10
Velours	297 »
Satin français	230 10
Perse avec volant	204 96
Damas laine	272 78
Damas de Lyon	424 68
Peau	321 60
Drap	239 10
Satin soie uni	365 28
Moleskine	207 60

Capitonnées

EN	fr. c.
Damas laine	226 98
Reps	236 08
Velours	338 28
Satin français	246 48
Perse avec volant	218 04
Damas laine	292 66
Damas de Lyon	477 96
Peau	386 68
Drap	256 88
Satin soie uni	394 96
Moleskine	220 48

p. 100 en plus.		
	Frais généraux	....
	Bénéfice	....
	TOTAL	....

ALBUM N° 7 QUÉTIN

Planche N° 32

CHAISE BÉBÉ

à petits capitons et à bande

Garnitures petits capitons

Quantité m. c.		fr. c.
»	Bois et roulettes	12 50
5 50	Sangle	» 66
8 »	Élastiques	1 60
1 10	Toile forte	1 37
» 80	Toile embourrure	» 68
2 »	Toile blanche	1 80
» 65	Percaline	» 33
2k 800	Crin	16 10
	Façon	28 »
	Couture et apprêt	4 »
	Clous et ficelle	2 »
	Menus frais	1 »
	Prix en blanc	70 04

PASSEMENTERIES

en soie

Quantité m. c.		fr. c.
1 95	Frange	23 40
1 50	Lézarde à *s.*	1 35
2	Glands	6 »
	Total	30 75

en laine et soie

Quantité m. c.		fr. c.
1 95	Frange	13 65
1 50	Lézarde à *s.*	1 35
2	Glands	3 50
	Total	18 50

en laine

Quantité m. c.		fr. c.
1 95	Frange	6 33
1 50	Lézarde à *s.*	1 35
2	Glands	2 60
	Total	10 28

ETOFFES

Petits capitons

Quantité m. c.	EN	fr. c.
1 60	Reps	11 20
2 80	Velours	33 60
1 60	Drap	17 60
1 25	Satin soie uni en 140	35 »

140	Boutons à capitons	3 50

Prix net couverte

Petits capitons

EN	fr. c.
Reps	95 02
Velours	117 42
Drap	101 42
Satin soie uni en 140	139 29

p. 100 en plus.	Frais généraux	....
	Bénéfice	....
	TOTAL	....

ALBUM N° 9 QUÉTIN

Planche N° 2

FENÊTRE A BATON

Etoffes et passementeries en laine, Rideaux doubles en percaline crète sur trois côtés. Largeur 150, hauteur de coupe 3 mètres

Détail non compris les ornements

Quantité m. c.		fr. c.
15 80	Crête Louis XV	9 48
2	Embrasses à glands	10 »
6 35	Percaline en 140	10 47
3 »	Ruban en fil	» 15
2	Gonds polis	» 05
8 »	Cordon de tirage	» 56
	Façon couture	5 »
	Coupe et pose	3 50
	Total sans l'étoffe	39 21

Prix des ornements garnitures complètes, avec supports

EN	fr. c.
Bois Acajou	5 85
Id. Noyer et Noir	10 75
Id. Noir	10 75
Id. Palissandre	10 75
Id. Doré	19 90

ETOFFES

Quantité m. c.	EN	fr. c.
6 30	Reps uni	44 10
6 30	Satin français	56 70
6 30	Damas laine	33 07

Prix net sans les ornements

EN	fr. c.
Reps uni	83 31
Satin français	95 91
Damas laine	72 28

p. 100 en plus.	Frais généraux	....
	Bénéfice......	....
	TOTAL....	....

ALBUM N° 9 QUÉTIN

Planche N° 3

FENÊTRE A BATON

Etoffes et passementeries laine et soie, Rideaux doublés en satinette crête sur trois côtés. Largeur 150, hauteur de coupe 3 mètres

Détail non compris les ornements

Quantité m. c.		fr. c.
15 80	Crête Louis XIV.	12 64
2	Embrasses à glands.	15 »
6 30	Satinette en 140.	11 97
3 »	Ruban en fil	» 15
2	Gonds polis.	» 05
7 »	Cordon de tirage.	» 49
	Façon couture.	5 »
	Coupe et pose	3 50
	Total sans l'étoffe	48 70

Prix des ornements garnitures complètes, à consoles

EN

	fr. c.
Bois Acajou.	31 »
Id. Noyer	31 »
Id. Noyer et Noir	43 10
Id. Palissandre	43 10
Id. Noir.	43 10
Id. Doré.	42 70

ETOFFES

Quantité m. c.	EN	fr. c.
6 30	Damas laine et soie.	88 20
6 20	Satin laine et soie uni.	74 40
12 40	Velours	148 80

Prix net sans les ornements

EN

	fr. c.
Damas laine et soie	136 90
Satin laine et soie uni	123 10
Velours	197 50

p. 100 en plus.	Frais généraux	
	Bénéfice.	
	TOTAL. . . .	

ALBUM N° 9 QUÉTIN

Planche N° 2

FENÊTRE A BATON CANNELÉ

Etoffes et passementeries en soie, Rideaux doublés en satinette crète sur trois côtés. Largeur 150, hauteur de coupe 3 mètres

Détail non compris les ornements

Quantité m. c.		fr. c.
15 80	Crète à nœuds	35 55
2	Embrasses à glands	28 »
6 30	Satinette en 140	11 97
3 »	Ruban en fil	» 15
2	Gonds polis	» 05
7 »	Cordon de tirage en soie	4 90
	Façon couture	8 »
	Coupe et pose	5 50
	Total sans l'étoffe	94 12

Prix des ornements garnitures complètes, à lorgnons

EN

	fr. c.
Bois Acajou	11 65
Id. Noyer et noir	18 90
Id. Noir	18 90
Id. Palissandre	18 90
Id. Doré	29 70

ÉTOFFES

EN

Quantité m. c.		fr. c.
15 75	Damas de Lyon	283 50
6 30	Damas des Indes	138 60
6 30	Satin soie uni	176 40

Prix net sans les ornements

EN

	fr. c.
Damas de Lyon	377 62
Damas des Indes	232 72
Satin soie uni	270 50

p. 100 en plus.	Frais généraux	....
	Bénéfice	....
	TOTAL	....

ALBUM N° 9 QUÉTIN

Planche n° 4

FENÊTRE A BATON

Etoffe en cretonne, Rideaux bordés galon gizelle sur trois côtés et doublés en satinette, sans volant et avec volant sur le bas et le devant des rideaux. Hauteur de coupe, 3 mètres.

En cretonne sans volant

Quantité m. c.		fr. c.
»	Garniture complète en Acajou	6 85
13 30	Étoffe	33 25
19 20	Galon gizelle	5 76
13 30	Satinette en 80 c.	17 29
3 30	Ruban en fil	» 17
2	Gonds polis	» 05
7 »	Cordon de tirage	» 49
	Façon rideaux	6 50
	Coupe et pose	4 50
	Façon 2 embrasses	1 »
	En perse sans volant revient à	75 86

En cretonne avec volant

Quantité m. c.		fr. c.
»	Garniture complète en Acajou	6 85
15 10	Étoffe	37 75
31 »	Galon gizelle	9 30
15 10	Satinette en 80 c.	19 63
3 30	Ruban en fil	» 17
2	Gonds polis	» 05
7 »	Cordon de tirage	» 49
	Façon rideaux	8 50
	Coupe et pose	6 »
	Façon 2 embrasses	2 50
	En perse avec volant revient à	91 24

EMPLOI DE L'ÉTOFFE

sans volant

Quantité		Quantité m. c.
4	Lès rideaux à 3m20	12 80
2	Lès embrasses à 0m25	» 50
	Total de l'étoffe sans volant	13 30

avec volant

Quantité		Quantité m. c.
4	Lès rideaux à 3m	12 »
18	Lès volant à 0m11	1 98
2	Lès embrasses à 0m25	» 50
8	Lès volant à 0m15	1 20
	Total de l'étoffe avec volant	15 68

EMPLOI DU GALON

Quantité m. c.		fr. c.
15 20	Rideaux	4 56
4 »	2 embrasses	1 20
19 20	Totaux	5 76

Quantité m. c.		fr. c.
6 »	Rideaux derrière	1 80
14 »	Volant à 11 c.	4 20
4	Embrasses	1 20
7	Volants à 15 c.	2 10
31 »	Totaux	9 30

p. 100 en plus.	Frais généraux	
	Bénéfice	
	TOTAL	

ALBUM N° 9 QUÉTIN

Planche N° 5

FENÊTRE A GALERIE

Droite avec frange en 20 c., étoffes et passementeries en laine, rideaux doublés en percaline avec ganse soufflée sur trois côtés. Largeur 150, hauteur de coupe 3 mètres.

Détail non compris les ornements

Quantité m. c.		fr. c.
1 45	Tringle en 14 millim	1 23
1	Garniture poulie Picardie	1 10
2	Pattes à galerie et pitons	» 50
2	Embrasses à glands	10 »
1 90	Frange en 20°	6 17
15 60	Ganse soufflée	9 36
7 35	Percaline en 140	12 12
3 »	Ruban en fil	» 15
» »	Gonds polis et anneaux cuivre	» 60
7 »	Cordon de tirage	» 49
	Façon couture	5 50
	Coupe et pose	4 50
	Menus frais	» 25
	Total sans l'étoffe	51 97

Prix des ornements garniture complète avec la galerie

EN	fr. c.
Bois Acajou	12 70
Id. Noyer bois noir	18 70
Id. Noir	18 70
Id. Palissandre	18 70
Id. Doré	17 90

ÉTOFFES

Quantité m. c.	EN	fr. c.
6 30	Reps uni	44 10
6 30	Satin français uni	56 70
6 30	Damas laine	33 07
6 30	Drap	69 30

Prix net sans les ornements

EN	fr. c.
Reps uni	96 07
Satin français uni	108 67
Damas laine	85 04
Drap	121 27

p. 100 en plus.		
	Frais généraux	
	Bénéfice	
	TOTAL	

ALBUM N° 9 QUÉTIN

Planche N° 10

FENÊTRE A GALERIE

Et élévation avec frange en 20 c., étoffés et passementeries laine et soie, rideaux doublés en satinette avec ganse sur trois côtés. Largeur 150, hauteur de coupe 3 mètres.

Détail non compris les ornements

Quantité m. c.		fr. c.
1 45	Tringle en 140 milim.	1 23
1	Garniture poulie Picardie	1 10
2	Pattes à galerie et pitons	» 50
2	Embrasses à glands	15 »
2 »	Frange	14 »
15 60	Ganse soufflée	14 04
7 30	Satinette en 140	15 87
3 »	Ruban en fil	» 15
» »	Gonds polis et anneaux de tringle	» 60
7 »	Cordon de tirage	» 49
	Façon couture	5 50
	Coupe et pose	4 50
	Menus frais	» 25
	Total sans l'étoffe	71 23

Prix des ornements garniture complète avec la galerie

EN		fr. c.
Bois	Acajou	17 20
Id.	Noyer et noir	22 70
Id.	Palissandre	22 70
Id.	Doré	20 »

ÉTOFFES

Quantité m. c.	EN	fr. c.
6 20	Satin laine et soie uni	74 40
6 30	Damas laine et soie	82 20
12 40	Velours	18 480

Prix net sans les ornements

EN	fr. c.
Satin laine	145 63
Damas laine et soie	153 43
Velours	220 03

p. 100 en plus.	Frais généraux	
	Bénéfice	
	Total	

ALBUM N° 9 QUÉTIN

Planche n° 10

FENÊTRE A GALERIE

A élévation avec fronton sculpté et frange en 20°, étoffes et passementeries en soie, rideaux doublés en satinette, ganse flexible sur trois côtés. Largeur 150, hauteur de coupe 3m.

Détail non compris les ornements

Quantité m. c.		fr. c.
1 45	Tringle en 14 millim.	1 23
1	Garniture poulie picardie 2 jeux 2 gonds	1 30
2	Pattes à galerie et pitons	» 50
2	Embrasses à glands	28 »
2 »	Frange	24 »
15 60	Ganse flexible	27 30
7 30	Satinette	13 87
3 »	Ruban en fil	» 15
»	Gonds polis et anneaux de tringle	» 60
7 »	Cordon de tirage en soie	4 90
	Façon couture	8 »
	Coupe et pose	5 »
	Menus frais	» 50
	Total sans l'étoffe	115 35

Supplément pour rideaux blancs

Quantité m. c.		fr. c.
1 45	Tringle en 11 millim.	» 94
2	Glands de tirage en cuivre	1 40
12	Anneaux de tringle	» 60
7 »	Cordon de tirage	» 49
2 »	Ruban en fil	» 10
	Façon couture	5 »
	Coupe et pose	1 50
	Menus frais	» 25
	Total du supplément sans l'étoffe	10 28

Prix des ornements garniture complète avec la galerie

	fr. c.
Bois Acajou	31 70
Id. Noyer et Noir	37 20
Id. Palissandre	37 20
Id. Doré	34 »

ÉTOFFES

EN

Quantité m. c.		fr. c.
15 75	Damas de Lyon	283 50
6 30	Damas des Indes	138 60
6 20	Satin soie uni	173 60

Prix net sans les ornements et le supplément

EN

	fr. c.
Damas de Lyon	398 85
Damas des Indes	253 95
Satin soie uni	288 95

p. 100 en plus.	Frais généraux	
	Bénéfice	
	TOTAL	

ALBUM N° 9 QUÉTIN

Planche N° 16

FENÊTRE A GALERIE

A élévation en cretonne avec bouillons, rideaux doublés satinette, ruche sur les devants et volants ruchés dans le bas et les embrasses bordés d'un galon en soie avec rinceaux dorés. Largeur 150, hauteur 3^m.

Détail de la fenêtre

Quantité m. c.		fr. c.
1	Galerie bois blanc..	3 »
2	Glands en cuivre	1 20
1 45	Tringle en fer en 14 millim...............	1 23
1	Garniture poulie picardie................	1 10
2	Pattes à galerie et pitons.................	» 50
12	Anneaux en cuivre et gonds polis..........	» 60
2	Rinceaux et ferrures.....................	7 50
19 22	Etoffe cretonne	48 05
84 »	Galon ou ruban en soie..................	8 40
16 50	Satinette en 80 cent.....................	21 45
3 »	Ruban en fil	» 15
7 »	Cordon de tirage.......................	» 49
	Façon rideaux	12 »
	Id. embrasses.........................	2 50
	Coupe, pose et garniture galerie	8 »
	Menus frais............................	» 75
	Prix net de la fenêtre en cretonne....	116 92

Détail de l'étoffe

Quantité		Quantité m. c.
2	Lès embrasses à 0^m 55 c................ ..	1 10
4	Lès rideaux à 2^m 80c......................	11 20
8	Lès volant à 0^m 30 c.........................	2 40
36	Lès de ruche à 0^m 07 c....................	2 52
5	Lès pour la galerie à 0^m 40 c....	2 »
	Total de la cretonne	19 22

Détail du galon ou ruban en soie

Quantité		Quantité m. c.
2	Embrasses.................	6 »
2	Montants derrière des rideaux...........	6 »
8	Lès volant............................	6 40
36	Lès ruche bordée des deux côtés	57 60
5	Lès galerie...	8 »
	Total du ruban...............	84 »

p. 100 en plus.	Frais généraux	....
	Bénéfices.	....
	TOTAL...	....

ALBUM QUÉTIN

32me livr., Planche N° 255

FENÊTRE RIDEAUX

A têtes flamandes doublées en percaline, étoffes et passementeries en laine, ganse soufflée tout autour. Hauteur coupe 3m.

LA MÊME FENÊTRE en cretonne bordée d'un galon giselle doublée en satinette.

Détail de la fenêtre en reps uni

Quantité m. c.		fr. c.
2 90	Tringle cuivre en 14 millim.	4 78
2	Croisillons	1 80
1	Garniture poulie Picardie à tige	1 60
2	Porte-Embrasses en acajou	1 90
1	Poulie du bas	» 15
2	Gonds polis et anneaux de tringle	» 60
2	Embrasses à glands	10 »
21 60	Ganse soufflée	12 96
6 60	Percaline en 140	10 89
» 50	Toile forte	» 50
9 »	Cordon de tirage	» 63
» »	Façon ouvrière, Rideaux	8 »
» »	Coupe et pose	4 »
» »	Menus frais	» 25
6 60	Reps uni	46 20
	Prix net de la fenêtre en reps	104 26

Détail en cretonne sans volant

Quantité m. c.		fr. c.
2 90	Tringle cuivre en 14 millim	4 78
2	Croisillons	1 80
1	Garniture poulie Picardie à tige	1 60
2	Rideaux dorés	7 50
1	Poulie du bas	» 15
2	Gonds polis et anneaux	» 60
27 »	Galon giselle	8 10
13 50	Satinette en 80	17 55
» 50	Toile forte	» 50
9 »	Cordon de tirage	» 63
» »	Façon rideaux	8 »
» »	Façon embrasses	1 »
» »	Coupe et pose	4 »
» »	Menus frais	» 25
13 50	Cretonne compris les deux embrasses	33 75
	Prix net de la fenêtre en cretonne sans volant.	90 21

Supplément à compter pour les rideaux à bordure (haut, devant et bas)

Quantité m. c		fr c.
12 80	Bordure à 3 francs	38 40
	Façon en plus	4 »
	Total du supplément	42 40

Supplément pour rideaux avec volant

Quantité m. c.		fr. c.
1 20	Cretonne, rideaux et embrasses	3 »
4 40	Galon giselle	1 32
	Façon couture et embrasses	1 50
	Total du supplément	5 82

Prix net de la fenêtre avec volant	96 03

p. 100 en plus.	Frais généraux	
	Bénéfice	
	TOTAL	

ALBUM QUÉTIN

32me livr., Planche N° 255

FENÊTRE RIDEAUX

A têtes flamandes doublées en satinette, étoffes et passementeries soie et laine et soie avec ganse flexible tout autour. Hauteur de coupe 3m et porte-embrasses dorés.

Détail avec passementeries en soie

Quantité m. c.		fr. c.
2 90	Tringle en cuivre 13 millim.	4 78
1	Garniture poulie Picardie à tige	1 60
2	Croisillons	1 80
2	Porte-embrasses à perles	11 »
1	Poulie du bas	» 15
2	Gonds polis et anneaux de tringle	» 60
2	Embrasses château-d'eau	28 »
21 60	Ganse flexible	27 »
6 30	Satinette en 140	11 97
» 50	Sangle ou toile forte	» 50
9 »	Cordon de tirage	6 30
	Façon couture	9 »
	Coupe et pose	5 »
	Menus frais,	» 50
	Total sans l'étoffe	108 20

Détail avec passementeries laine et soie

Quantité m. c.		fr. c.
2 90	Tringle en cuivre 13 millim.	4 78
1	Garniture poulie Picardie à tige	1 60
2	Croisillons	1 80
2	Porte-embrasses à perles	7 »
1	Poulie du bas	» 15
2	Gonds polis et anneaux de tringle	» 60
2	Embrasses à glands	15 »
21 60	Ganse flexible	19 44
6 30	Satinette en 140	11 97
» 50	Sangle ou toile forte	» 50
9 »	Cordon de tirage	» 63
	Coupe et pose	8 »
	Façon couture	4 »
	Menus frais,	» 25
	Total sans l'étoffe	75 72

ÉTOFFES EN SOIE

EN

Quantité m. c.		fr. c.
6 40	Damas des Indes	140 80
6 40	Satin soie uni, grande largeur	179 20

ÉTOFFES EN LAINE & SOIE

EN

Quantité m. c.		fr. c.
6 40	Damas laine et soie	89 60
6 40	Satin laine et soie uni.	76 80
13 20	Velours	158 40

Prix net de la fenêtre

EN

	fr. c.
Damas des Indes	249 »
Satin soie uni	287 40

Prix net de la fenêtre

EN

	fr. c.
Damas laine et soie	165 32
Satin laine et soie uni	152 52
Velours	234 12

p. 100 en plus.	Frais généraux	......
	Bénéfice	......
	TOTAL	......

ALBUM N° 9 QUÉTIN

Planche N° 12

LIT DE MILIEU

A élévation avec frange, étoffes et passementeries en laine et laine et soie, le fond du lit en étoffe. Rideaux sans être doublés, châssis Louis XV de 140 sur 1 mètre. Hauteur de coupe 3 mètres

Détail du lit passementeries en laine

Quantité m. c.		fr. c.
1	Châssis bois acajou	15 »
1 60	Toile blanche	1 04
»	Façon du châssis et fil fer	3 »
18 80	Géroline Louis XIV	11 28
3 »	Frange en 20 c.	9 75
1 »	Bandeau en percaline	1 »
4 50	Ruban fil et agrafes	» 75
	Façon couture	8 »
	Coupe et pose	5 »
	Menus frais	» 50
	Total sans l'étoffe	55 32

Détail du lit passementeries laine et soie

Quantité m. c.		fr. c.
1	Châssis bois palissandre	28 »
1 60	Toile blanche	1 04
»	Façon du châssis et fil fer	3 »
18 80	Géroline Louis XIV	15 04
3 »	Frange en 20 c.	21 »
1 »	Bandeau en percale	1 »
4 50	Ruban fil et agrafes	» 75
	Façon couture	8 »
	Coupe et pose	5 »
	Menus frais	» 50
	Total sans l'étoffe	83 33

ÉTOFFES EN LAINE

Quantité m. c.	EN	fr. c.
19 70	Reps	137 90
19 70	Damas de laine	103 42
19 70	Satin français	177 30

ÉTOFFES EN LAINE & SOIE

Quantité m. c.	EN	fr. c.
19 70	Damas laine et soie	275 80
19 70	Satin laine et soie uni	336 40

Prix net du lit en laine

EN	fr. c.
Reps	193 22
Damas de laine	158 74
Satin français	232 62

Prix net du lit en laine et soie

EN	fr. c.
Damas laine et soie	359 13
Satin laine et soie uni	319 73

p. 100 en plus.	Frais généraux	......
	Bénéfice	......
	TOTAL	......

ALBUM N° 9 QUÉTIN

Planche N° 27

LIT DE MILIEU

Châssis Louis XVI avec frange, étoffes et passementeries en soie, les rideaux molletonnés et doublés en marceline fond du lit en étoffe, châssis de 140 sur 1m 15. Hauteur de coupe 3 mètres

LE MÊME LIT avec rideaux blancs en mousseline, fond du lit en percaline et les rideaux non doublés

Détail du lit en soie (châssis garni tendu)

Quantité m. c.		fr. c.
1	Châssis palissandre avec fronton	55 »
1 60	Toile blanche	1 04
»	Façon du châssis et fil fer	3 »
18 80	Géroline à nœuds	42 30
3 »	Frange en 20 c.	36 »
13 50	Marceline en 140	168 75
4 50	Ruban fil et agrafes	» 75
12 90	Molleton	20 64
	Façon couture	12 »
	Coupe et pose	7 »
	Menus frais	» 75
	Total sans l'étoffe	347 23

Détail du lit en mousseline (châssis garni plissé et volant sur devant des rideaux)

Quantité m. c.		fr. c.
1	Châssis bois doré avec fronton	50 »
1 60	Toile blanche	1 04
8 20	Percaline compris le fond du lit	13 53
»	Façon du châssis et fil fer	4 »
18 80	Géroline à nœuds	42 30
3 »	Frange en 20 c.	36 »
9 »	Ruban fil et agrafes	1 50
2	Façons couture	16 »
	Coupe et pose	9 »
	Menus frais	1 »
	Total sans l'étoffe	174 37

ÉTOFFES EN SOIE (compris le châssis)

Quantité m. c.	EN	fr. c.
19 90	Damas des Indes	437 80
19 90	Satin soie uni en 140	557 20

ÉTOFFES

en soie

Quantité m. c.	EN	fr. c.
14 70	Damas des Indes	323 40
14 70	Satin soie uni en 140	411 60

Détail de la mousseline (compris le châssis)

Quantité m. c.		fr. c.
3 60	Châssis	7 20
18 30	Rideaux	36 60
1 20	Volant	2 40
	Total de la mousseline	46 20

Prix net du lit

EN

	fr. c.
Damas des Indes	785 03
Satin de soie uni	904 43

Prix net du lit (avec rideaux de mousseline)

EN

	fr. c.
Damas des Indes	543 97
Satin de soie uni	632 17

	Frais généraux	
p. 100 en plus.	Bénéfice	
	TOTAL	

ALBUM QUÉTIN

31me livr., Planche N° 248

LIT DE MILIEU

Rideaux à têtes flamandes, étoffe et passementeries en soie et laine et soie, le fond du lit en étoffe. Les rideaux de soie seulement molletonnés et doublés en marceline. Châssis Louis XV. Hauteur de coupe 3m.

LE MÊME LIT en laine et soie, sans être doublé.

Détail du lit en soie

Quantité m. c.		fr. c.
1	Châssis bois blanc de 140	9 »
1 60	Toile blanche	1 04
»	Façon du châssis tendu et fil fer	3 50
22 50	Crête à nœuds	50 62
5 60	Ganse flexible pour la tête flamande	7 »
4 50	Ruban fil et agrafes	» 60
» 60	Toile forte	» 60
13 10	Marceline en 140	163 75
13 10	Molleton	20 96
	Façon couture	16 »
	Coupe et pose	9 »
	Menus frais	1 »
	Total sans l'étoffe	283 07

Détail du lit en laine et soie

Quantité m. c.		fr. c.
1	Châssis bois blanc	9 »
1 60	Toile blanche	1 04
»	Façon du châssis et fil fer	3 50
22 50	Crête Louis XIV	18 »
5 60	Ganse flexible	5 04
4 50	Ruban fil et agrafes	» 60
» 60	Toile forte	» 60
1 20	Satinette en 140	2 28
	Façon couture	12 »
	Coupe et pose	7 50
	Menus frais	» 75
	Total sans l'étoffe	60 31

ÉTOFFES

Quantité m. c.	EN	fr. c.
19 70	Damas des Indes	433 40
19 70	Satin soie grande largeur	551 60

ÉTOFFES

Quantité m. c.	EN	fr. c.
19 70	Damas laine et soie	275 80
19 70	Satin laine et soie uni	236 40

Prix net du lit

EN	fr. c.
Damas des Indes	716 47
Satin soie grande largeur	834 67

Prix net du lit

EN	fr. c.
Damas laine et soie	336 11
Satin laine et soie uni	296 71

p. 100 en plus.	Frais généraux	
	Bénéfice	
	TOTAL	

ALBUM QUÉTIN

35me livr., Planche N° 248

LIT DE MILIEU

Rideaux à têtes flamandes, étoffe et passementeries en laine, fond du lit en étoffe, châssis Louis XV de 140 sur 100 rideaux sans être doublés.

LE MÊME LIT en cretonne avec galon giselle. Hauteur de coupe 3m.

Détail du lit en laine

Quantité m. c.		fr. c.
1	Châssis bois blanc	9 »
1 60	Toile blanche	1 04
»	Façon du châssis tendu et fil fer	3 50
22 50	Crête Louis XIV	13 50
5 60	Ganse pour la tête flamande	3 36
4 50	Ruban fil et agrafes	» 60
» 60	Toile forte	» 60
1 20	Percaline en 140	2 28
	Façon couture	12 »
	Coupe et pose	7 50
	Menus frais	» 75
	Total sans l'étoffe	54 13

Détail du lit en cretonne sans volant

Quantité m. c.		fr. c.
1	Châssis bois blanc	9 »
1 60	Toile blanche	1 04
»	Façon du châssis tendu et fil fer	3 50
31 »	Galon giselle	9 30
33 50	Cretonne	83 75
4 50	Ruban fil et agrafes	» 60
» 60	Toile forte	» 60
1 20	Percaline en 140	2 28
	Façon couture	13 »
	Coupe et pose	7 50
	Menus frais	» 75
	Prix net du lit sans volant	131 32

ETOFFES

EN

Quantité m. c.		fr. c
19 70	Reps uni	137 90
19 70	Damas de laine	103 42
19 70	Satin français	177 30

Prix net du lit

EN

	fr. c.
Reps uni	192 03
Damas de laine	157 55
Satin français	231 43

Supplément pour rideaux avec volant

Quantité m. c.		fr. c.
3 50	Cretonne volant	8 75
28 80	Galon giselle	8 64
	Façon couture	3 »
	Coupe et apprêt	1 50
	Total du supplément	21 89

Prix net du lit avec volant 153 21

p. 100 en plus.	Frais généraux	
	Bénéfice	
	TOTAL	

ALBUM N° 9 QUÉTIN

Planche N° 32

LIT DE COIN

Avec frange, étoffe et passementeries en laine, le fond du lit en étoffe, châssis à élévation sur 2m. Hauteur de coupe 3m.
LE MÊME LIT en cretonne, avec volant bordé d'un galon giselle, sans être doublé.

Détail du lit en reps, crête sur le devant et bas des rideaux

Quantité m. c.		fr. c.
1	Châssis à élévation, bois acajou	25 »
2	Porte-embrasses	1 80
2 30	Toile blanche	1 49
»	Façon du châssis et fil fer	3 »
2 80	Frange en 20e	9 10
11 50	Géroline Louis XIV	6 90
2	Embrasses à glands	10 »
5 30	Ruban fil et agrafes	» 65
»	Façon couture	9 »
»	Coupe et pose	8 »
»	Menus frais	1 »
23 40	Reps compris le châssis	163 80
	Prix net du lit en reps uni	239 74

Détail en cretonne, avec volant bordé et embrasses en étoffes

Quantité m. c.		fr. c.
1	Châssis à élévation palissandre	31 »
2	Porte-embrasses Id.	2 50
2 30	Toile blanche	1 49
»	Façon du châssis tendu et fil fer	3 »
48 »	Galon giselle	14 40
5 30	Ruban fil et agrafes	» 65
»	Façon couture rideaux	10 »
»	Façon embrasses et volant du châssis	5 50
»	Coupe et pose	9 »
»	Menus frais	1 »
39 37	Étoffe cretonne	98 42
	Prix net du lit en cretonne	176 96

Supplément pour rideaux avec bordures

Quantité m. c.		fr. c.
11 50	Bordure à	34 50
	Façon couture	5 »
	Total du supplément	39 50

	fr. c.
Prix net du lit avec bordure	279 24

Détail de la cretonne

Quantité			Quantité m. c.
2 1/2	Lès tête	à 2m 90	17 80
3 1/2	Lès pied	à 3m »	
5	Lès fond de lit	à 2m 80	14 »
11	Lès volant dans le bas des rideaux	à 0m 22	2 42
6	Lès embrasses	à 0m 15	» 90
7	Lès volant du châssis	à 0m 25	1 75
2	Lès châssis	à 1m 25	2 50
	Total de la cretonne		39 37

p. 100 en plus.	Frais généraux	
	Bénéfice	
	TOTAL	

ALBUM N° 9 QUÉTIN

Planche N° 39

LIT DE COIN

Avec frange, étoffe et passementeries en soie et en laine et soie, le fond du lit en étoffe, châssis à élévation sur 2m. Hauteur de coupe 3m. Les rideaux de soie molletonnés et doublés marceline.

Détail du lit en soie

Quantité m. c.		fr. c.
1	Châssis bois doré avec fronton sculpté	44 »
2	Porte-embrasses	11 »
2 30	Toile blanche	1 49
»	Façon du châssis et fil fer	4 50
2 80	Frange en 20 c.	33 60
11 50	Géroline à nœuds	25 87
2	Embrasses Château-d'Eau	28 »
5 30	Ruban fil et agrafes	» 75
13 20	Marceline en 140	165 »
13 20	Molleton	21 12
	Façon couture	13 »
	Coupe et pose	9 50
	Menus frais	1 »
	Total sans l'étoffe	358 83

Détail du lit en laine et soie sans être doublé

Quantité m. c.		fr. c.
1	Châssis bois doré	30 »
2	Porte-embrasses	7 »
2 30	Toile blanche	1 49
»	Façon du châssis et fil fer	4 »
2 80	Frange en 20 c.	19 60
11 50	Géroline Louis XIV	9 20
2	Embrasses à glands	15 »
5 30	Ruban fil et agrafes	» 75
	Façon couture	9 »
	Coupe et pose	8 50
	Menus frais	1 »
	Total sans l'étoffe	105 54

ÉTOFFES

EN

Quantité m. c.		fr. c.
23 60	Damas des Indes	519 20
23 60	Satin soie uni en 140	660 20

ETOFFES

EN

Quantité m. c.		fr. c.
23 60	Damas laine et soie	330 40
23 60	Satin laine et soie uni	283 20

Prix net du lit en soie

EN

	fr. c.
Damas des Indes	878 03
Satin soie uni	1019 63

Prix net du lit laine et soie

EN

	fr. c.
Damas laine et soie	435 94
Satin laine et soie uni	388 74

p. 100 en plus.	Frais généraux	
	Bénéfice	
	TOTAL	

ALBUM QUÉTIN

19me livr., Planche N° 152

FENÊTRE EN DRAPERIES

Galerie à élévation, étoffe et passementeries en laine et soie. Les rideaux doublés en satinette, et les draperies de 4 festons et queues d'écharpe, crête aux rideaux sur 3 côtés et frange en 12c à la draperie. Hauteur de coupe 3m.

Détail de la fenêtre

Quantité m. c.		fr. c.
1	Galerie palissandre	19 »
2	Porte-embrasse palissandre	3 »
2	Glands de tirage id.	» 70
1 45	Triangle fer en 14 millim.	1 23
1	Garniture poulie Picardie	1 10
2	Pattes à galerie et pitons	» 50
2	Embrasses à glands	15 »
15 65	Crête Louis XIV	12 52
6 20	Frange en 12 c.	20 15
9 25	Satinette en 140	17 57
2 »	Ruban en fil	» 10
2	Gonds polis et anneaux de tringle	» 60
7 »	Cordon de tirage	» 49
	Façon couture rideaux	5 50
	Id. draperie et écharpes	9 »
	Id. coupe	5 »
	Id. pose	4 »
	Menus frais	» 50
	Total sans l'étoffe	115 96

Emploi de l'étoffe en 130

Quantité		Quantité m. c.
2	Lès rideaux à 3m 15	6 30
2	Lès draperies à 0m 85	1 70
1	Lès queues d'écharpe à 1m 10	1 10
	Total de l'étoffe	9 10

Emploi du velours

Quantité		Quantité m. c.
4	Lès rideaux à 3m 15	12 60
4	Lès draperies à 1m	4 »
2	Lès queues d'écharpe à 1m 10	2 20
	Total du velours	18 80

Prix net de la fenêtre

EN

	fr. c.
Damas laine et soie	243 36
Satin laine et soie uni	225 16
Velours	341 56

p. 100 en plus.	Frais généraux	
	Bénéfice	
	TOTAL.	

ALBUM QUÉTIN

19me livr., Planche N° 152

FENÊTRE A DRAPERIES

Galerie à élévation, étoffe et passementeries en soie, les rideaux doublés en satinette et les draperies de 4 festons et queues d'écharpe, crête sur trois côtés des rideaux et frange à la draperie en 12°. Hauteur de coupe 3m.

Détail de la fenêtre

Quantité m. c.		fr. c.
1	Galerie bois doré avec fronton sculpté	32 50
2	Porte-embrasses	11 »
2	Glands de tirage en cuivre	1 50
1 45	Tringle fer en 14 millim.	1 23
1	Garniture poulie Picardie 2 jeux, 2 gonds	1 60
2	Pattes à galerie et pitons	» 50
2	Embrasses Château-d'Eau	28 »
9 30	Crête à nœuds	20 92
6 20	Frange en 12 c.	40 30
9 25	Satinette en 140	17 57
2 »	Ruban en fil	» 10
2	Gonds polis et anneaux de tringle	» 60
7 »	Cordon de tirage en soie	4 90
	Façon couture rideaux	8 »
	Id. draperie et écharpe	10 »
	Façon coupe	5 »
	Id. pose	4 50
	Menus frais	» 75
	Total sans l'étoffe	188 97

Emploi de l'étoffe

Quantité		Quantité m. c.
2	Lès rideaux à 3m 15	6 30
2	Lès draperie à 0m 85	1 70
1	Lès queues d'écharpe à 1m 10	1 10
	Total de l'étoffe	9 10

Supplément pour rideaux blancs

Quantité m. c.		fr. c.
1 45	Tringle fer en 11 millim	» 94
2	Glands de tirage	1 40
7 »	Cordon de tirage	» 49
2 »	Ruban en fil	» 10
2	Gonds polis et anneaux de tringle	» 60
	Façon couture	5 »
	Coupe et pose	1 50
	Menus frais	» 25
	Total du supplément sans l'étoffe	10 28

Prix net de la fenêtre (sans le supplément)

EN

	fr. c.
Damas des Indes	389 17
Satin uni grande largeur	443 77

p. 100 en plus.	Frais généraux	
	Bénéfice	
	TOTAL	

ALBUM QUÉTIN

19me livr., Planche N° 152

FENÊTRE A DRAPERIES

Galerie à élévation, étoffe en cretonne bordée d'un galon giselle et frange à 3 boulots pour la draperie, doublée satinette, 4 festons et queues d'écharpe. Largeur 150, hauteur de coupe 3m.

Détail de la fenêtre en cretonne

Quantité m. c.		fr. c.
1	Galerie acajou	14 50
2	Porte-embrasses acajou	1 80
2	Glands de tirage	» 50
1 45	Tringle en fer en 14 milim	1 23
1	Garniture poulie Picardie	1 10
2	Pattes à galerie et pitons	» 50
6 20	Frange à 2 boulots	8 68
12 70	Galon giselle	3 81
14 85	Satinette en 80	19 30
2 »	Ruban en fil	» 10
2	Gonds polis et anneaux de tringle	» 60
7 »	Cordon de tirage	» 49
»	Façon couture rideaux	6 »
»	Id. embrasses, draperies et écharpes	10 »
»	Id. coupe	5 »
»	Id. pose	4 »
»	Menus frais	» 50
14 85	Étoffe cretonne	37 12
	Prix net de la fenêtre en cretonne	115 23

Emploi de l'étoffe

Quantité		Quantité m. c.
3	Lès rideaux à 3m 15	9 45
4	Lès draperies à 0m 85	3 40
2	Lès queues d'écharpes à 1m	2 »
	Total de la cretonne	14 85

Supplément pour des volants dans le bas des rideaux

Quantité m. c.		fr. c.
1 25	Étoffe cretonne	3 12
9 »	Galon giselle	2 70
	Façon couture	3 »
	Total du supplément	8 82

Prix net de la fenêtre en cretonne avec volant 124 05

p. 100 en plus.	Frais généraux	......
	Bénéfice	......
	TOTAL	......

ALBUM QUÉTIN

24me livr., Planche N° 191

FENÊTRE A DRAPERIES

A têtes flamandes de 4 festons et queues d'écharpe, étoffe et passementeries en laine et soie, rideaux doublés en satinette et les draperies, crête sur 3 côtés et ganse sur la tête flamande. Hauteur de coupe 3m.

Détail de la fenêtre à têtes flamandes

Quantité m. c.	Pour la draperie frange en 12 c.	fr. c.
1	Galerie bois blanc à élévation	3 »
2	Porte-embrasses doré	7 »
2	Glands de tirage en cuivre	1 40
1 45	Tringle fer en 14 millim.	1 23
1	Garniture poulie Picardie	1 10
2	Pattes à galerie et pitons	» 50
2	Embrasses à glands	15 04
13 80	Crête Louis XIV	11 »
6 20	Frange en 12 c.	20 15
4 20	Ganse flexible	3 78
9 70	Satinette en 140	18 43
» 50	Toile forte	» 50
2 »	Ruban en fil	» 10
2	Gonds polis et anneaux de tringle	» 60
7 »	Cordon de tirage	» 49
	Façon couture rideaux	5 »
	Id. id. draperies	14 »
	Id. coupe	5 50
	Id. pose	4 »
	Menus frais	» 75
	Total sans l'étoffe	113 57

Emploi de l'étoffe

Quantité		Quantité m. c.
2	Lès rideaux à 3m 15	6 30
2	Lès draperies à 0m 85	1 70
1	Lès queue d'écharpe à 1m 10	1 10
2	Lès tête à 0m 20	» 40
	Total de l'étoffe	9 50

Emploi du velours

Quantité		Quantité m. c.
4	Lès rideaux à 3m 15	12 60
4	Lés draperies à 1m	4 »
2	Lès queues d'écharpe à 1m 10	2 20
5	Lès tête à 0m 20	1 »
	Total du velours	19 80

Prix net de la fenêtre

EN

	fr. c.
Damas laine uni	246 57
Satin laine et soie uni	227 57
Velours	351 17

p. 100 en plus.		
	Frais généraux	
	Bénéfice	
	TOTAL	

ALBUM QUÉTIN

24me livr., Planche N° 191

FENÊTRE A DRAPERIES

A têtes flamandes de 4 festons et queues d'écharpe, étoffe et passementeries en soie. Rideaux doublés en satinette et la draperie, crête sur 3 côtés des rideaux et ganse sur la tête flamande. Hauteur de coupe 3m.

Détail de la fenêtre à têtes flamandes

Quantité m. c.	Pour la draperie frange en 12 c.	fr. c.
1	Galerie bois blanc à élévation..	3 »
2	Porte-embrasses doré....................	11 »
2	Glands de tirage en cuivre.........	1 40
1 45	Tringle fer en 14 millim..................	1 23
1	Garniture polie Picardie, 2 jeux, 2 gonds....	1 60
2	Pattes à galerie et pitons.................	» 50
2	Embrasses Château-d'Eau	28 »
13 80	Crête à nœuds	31 05
6 20	Frange en 12 c.	40 30
4 20	Ganse flexible..........................	5 25
9 70	Satinette en 140.........................	18 43
» 50	Toile forte	» 50
2 »	Ruban en fil.........	» 10
2	Gonds polis et anneaux de tringle	» 60
7 »	Cordon de tirage en soie	4 90
	Façon couture rideaux	8 »
	Id. id. draperie	16 »
	Id. coupe.....	6 »
	Id. pose......	4 50
	Menus frais	1 »
	Total sans l'étoffe	183 36

Emploi de l'étoffe

Quantité		Quantité m. c.
2	Lès rideaux à 3m 15..........................	6 30
2	Lès draperies à 0m 85.	1 70
1	Lès queues d'écharpe à 1m 10	1 10
2	Lès tête à 0m 20......	» 40
	Total de l'étoffe.............	9 50

Supplément pour des rideaux blancs

Quantité m. c.		fr. c.
1 45	Tringle fer en 11 millim..................	» 94
2	Glands de tirage en cuivre..	1 40
7 »	Cordon de tirage......	» 49
2 »	Ruban en fil.............................	» 10
2	Gonds polis et anneaux de cuivre..........	» 60
	Façon couture et découpure................	5 »
	Coupe et pose..................	1 50
	Menus frais.................	» 25
	Total du supplement sans l'étoffe...	10 28

Prix net de la fenêtre

EN

	fr. c.
Damas des Indes..........	392 36
Satin de soie uni	449 36

p. 100 en plus.	Frais généraux	
	Bénéfices.	
	TOTAL...	

ALBUM QUÉTIN

24me livr., Planche N° 191

FENÊTRE A DRAPERIES

A têtes flamandes en cretonne bordées d'un galon giselle et frange à 3 boulots pour la draperie, rideaux doublés en satinette et la draperie de 4 festons et queues d'écharpe. Rideaux bordés 3 côtés et volant aux embrasses. Hauteur de coupe 3m.

Détail de la fenêtre en cretonne

Quantité m. c.	Avec embrasses à volant.	fr. c.
1	Galerie bois blanc à élévation	3 »
2	Porte-Embrasses palissandre	3 50
2	Glands de tirage Id.	» 90
1 45	Tringle fer en 14 millim	1 23
1	Garniture poulie polie Picardie	1 10
2	Pattes à galerie et pitons	» 50
31 50	Galon giselle	9 45
6 20	Frange à 3 boulots	11 78
19 40	Satinette en 80 cent.	25 22
» 50	Toile forte	» 50
2 «	Ruban en fil	» 10
2	Gonds polis et anneaux de tringle	» 60
7 »	Cordon de tirage	» 49
»	Façon couture, rideaux	6 50
»	Id. draperie	14 »
»	Id. coupe	5 »
»	Id. pose	4 »
»	Menus frais	» 75
19 60	Cretonne	49 »
	Total de la fenêtre en cretonne	137 62

Emploi de l'étoffe

Quantité		Quantité m. c.
4	Lès rideaux à 3m 15	12 60
4	Lès draperie à 0m 85	3 40
2	Lès queues d'écharpe à 1m 10	2 20
4	Lès tête à 0m 20	» 80
5	Lès embrasses à volant à 0m 12	» 60
	Total de l'étoffe	19 60

Supplément pour des volants dans le bas des rideaux

Quantité m. c.		fr. c.
8	Lès volant à 20 c. (1m 60)	4 »
12 80	Galon giselle	3 84
	Façon ouvrière	4 »
	Total du supplément	11 84

Prix net de la fenêtre en cretonne avec volant 149 46

p. 100 en plus.	Frais généraux	
	Bénéfice	
	TOTAL	

ALBUM QUÉTIN

31me livr., Planche N° 248

LIT DE MILIEU

A draperies, têtes flamandes 2 festons, châssis à élévation, étoffe et passementeries en laine et soie, draperie doublée en satinette, ganse sur la tête flamande et crête sur trois côtés, frange en 12 c. à la draperie Hauteur de coupe 3 mètres.

Détail du lit, le fond en étoffe

Quantité m. c.		fr. c.
1	Châssis bois blanc de 110 sur 1m 40........	12 »
1 60	Toile blanche..........................	1 04
»	Façon du châssis et fil fer	3 50
17 »	Crête Louis XIV	13 60
5 60	Ganse pour la tête.....................	5 04
2 60	Frange en 12 c.........................	8 45
» 60	Toile forte	» 60
2 »	Satinette en 140.........................	3 80
1 50	Ruban fil et agrafes	» 60
	Façon couture rideaux..................	9 »
	Id. draperie..........................	5 »
	Id. coupe.............................	4 »
	Id. pose..............................	5 »
	Menus frais............................	1 »
	Total sans l'étoffe	72 63

Emploi de l'étoffe

Quantité		Quantité m. c.
3	Lès rideaux à 3m 15..............................	9 45
2	Lès fond du lit à 2m 70	5 40
1	Lès draperies à 0m 85	» 85
1	Lès châssis tendu à 1m 10........................	1 10
5	Lès tête à 0m 20.................................	1 »
	Total de l étoffe..................	17 80

Prix net du lit de milieu

EN

	fr. c.
Damas laine et soie..............................	321 83
Satin laine et soie uni...........................	286 23

p. 100 en plus.	Frais généraux	....
	Bénéfice......	....
	TOTAL.....	....

ALBUM QUÉTIN

31me livr., Planche, N° 248

LIT DE MILIEU

A draperies têtes flamandes, 2 festons, châssis à élévation, étoffe et passementeries en soie, draperies et rideaux doublés marceline et molletonnés, ganse sur la tête flamande, crête sur trois côtés des rideaux, frange en 12 c. Draperie hauteur de coupe, 3m.

Détail du lit

Quantité m. c.		fr. c.
1	Châssis bois blanc	12 »
1 60	Toile blanche	1 04
»	Façon du châssis	3 50
17 »	Crête à nœuds	38 25
5 60	Ganse flexible	7 »
2 60	Frange en 12 c.	16 90
10 75	Marceline en 1m 40	134 37
10 75	Molleton	17 20
» 60	Toile forte	» 60
1 50	Ruban fil et agrafes	» 60
	Façon couture rideaux	13 »
	Id. draperie	6 »
	Id. coupe	5 »
	Id. pose	5 50
	Menus frais	1 »
	Total sans l'étoffe	261 96

Emploi de l'étoffe

Quantité		Quantité m. c.
3	Lès rideaux à 3m 15	9 45
2	Lès fond de lit à 2m 70	5 40
1	Lès draperie à 0m 85	» 85
1	Lès châssis tendu à 1m 10	1 10
5	Lès tête à 0m 20	1 »
	Total de l'étoffe	17 70

Prix net du lit

EN

	fr. c.
Damas des Indes	651 36
Satin soie uni en 140.	757 56

p. 100 en plus.	Frais généraux	
	Bénéfice	
	TOTAL	

ALBUM QUÉTIN

31me livr., Planche N° 248

LIT DE MILIEU A DRAPERIES

Têtes flamandes, 2 festons, chassis à élévation, étoffe cretonne bordée de galon giselle devant et bas des rideaux et les têtes. Frange à 3 boulots à la draperie doublée en satinette. Châssis de 140. Hauteur de coupe 3^m.

Détail du lit en cretonne

Quantité m. c.		fr. c.
1	Châssis bois blanc	12 »
1 60	Toile blanche	1 04
»	Façon du châssis et fil fer	3 50
28 10	Galon giselle	8 43
2 60	Frange à 3 boulots	4 94
22 65	Satinette en 80 c	29 44
» 60	Toile forte	» 60
1 50	Ruban en fil et agrafes	» 60
»	Façon couture, rideaux	10 »
»	Id. draperie	5 »
»	Id. coupe	4 »
»	Id. pose	5 »
»	Menus frais	1 »
33 50	Cretonne	83 75
2	Rinceaux dorés	7 »
	Prix net du lit en cretonne	176 30

Emploi de l'étoffe

Quantité		Quantité m. c.
6	Lès rideaux à 3^m 15	18 90
3	Lès fond du lit à 2^m 70	8 10
2	Lès draperies à 0^m 85	1 70
2	Lès châssis tendu à 1^m 40	2 80
8	Lès tête à 0^m 20	1 60
2	Lès embrasses à 0^m 20	» 40
	Total de l'étoffe	33 50

Emploi du galon giselle

Quantité		Quantité m. c.
2	Rideaux	11 »
1	Draperie tête	3 10
2	Rideaux tête	10 »
2	Embrasses	4 »
	Total du galon	28 10

p. 100 en plus.	Frais généraux	
	Bénéfice	
	TOTAL	

ALBUM N° 9 QUÉTIN

Planche N° 23

LIT DE COIN A DRAPERIES

A têtes flamandes, 2 festons, châssis à élévation, étoffe et passementeries en laine et soie, fond du lit en étoffe. Draperie doublée en satinette, crête et ganse flexible pour les têtes flamandes. Frange en 12 c. à la draperie. Hauteur de coupe 3ᵐ.

Détail du lit

Quantité m. c.		fr. c.
1	Châssis bois blanc de 2ᵐ	10 »
2	Porte-embrasses palissandre	3 50
2 30	Toile blanche	1 49
»	Façon du châssis et fil fer	3 50
15 »	Crête Louis XIV	12 »
5 70	Ganse flexible	5 13
2	Embrasses à glands	15 »
2 60	Frange en 12 c	8 45
» 60	Toile forte	» 60
1 10	Satinette en 140	2 09
3 50	Ruban en fil et agrafes	» 75
	Façon couture, rideaux	9 »
	Id. draperies	5 »
	Id. coupe	4 »
	Id. pose	5 »
	Menus frais	1 »
	Total sans l'étoffe	86 51

Emploi de l'étoffe

Quantité		Quantité m. c.
3	Lès rideaux à 3ᵐ 10	9 30
3	Lès fond du lit à 2ᵐ 70	8 10
1	Lès draperies à 0ᵐ 85	» 85
1	Lès châssis tendu à 2ᵐ	2 »
5	Lès tête à 0ᵐ 20	1 »
	Total de l'étoffe	21 25

Prix net du lit à têtes flamandes

EN

	fr. c.
Damas laine et soie	384 01
Satin laine et soie uni	341 51

p. 100 en plus.	Frais généraux	
	Bénéfice	
	TOTAL	

ALBUM N° 9 QUÉTIN

Planche N° 23

LIT DE COIN A DRAPERIES

A têtes flamandes 2 festons, châssis à élévation, étoffe et passementeries en soie, rideaux et draperies molletonnés et doublés en marceline, crête à nœuds et ganse flexible pour les têtes flamandes, frange en 12 c. à la draperie, fond du lit en étoffe. Hauteur de coupe, 3m.

Détail du lit

Quantité m. c.		fr. c.
1	Châssis bois blanc de 2m	10 »
2	Porte-embrasses dorés	11 »
2 30	Toile blanche	1 49
»	Façon du châssis et fil fer	3 50
15 »	Crête à nœuds	33 75
2	Embrasses Château-d'Eau	28 »
5 70	Ganse flexible	7 12
2 60	Frange en 12 c	16 90
10 45	Marceline en 140	130 62
9 »	Molleton	14 40
» 60	Toile forte	» 60
3 50	Ruban en fil et agrafes	» 75
	Façon couture rideaux	13 »
	Id. draperies	6 »
	Id. coupe	5 »
	Id. pose	5 50
	Menus frais	1 »
	Total sans l'étoffe	288 63

Emploi de l'étoffe

Quantité		Quantité m. c.
3	Lès rideaux à 3m 10	9 30
3	Lès fond du lit à 2m 70	8 10
1	Lès draperies à 0m 85	» 85
1	Lès châssis tendu à 2m	2 »
5	Lès tête à 0m 20	1 »
	Total de l'étoffe	21 25

Prix net du lit têtes flamandes

EN

	fr. c.
Damas des Indes	756 13
Satin de soie uni en 140	883 63

p. 100 en plus.	Frais généraux	
	Bénéfice	
	TOTAL	

ALBUM N° 9 QUÉTIN

Planche N° 23

LIT DE COIN A DRAPERIES

Têtes flamandes 2 festons, châssis à élévation, étoffe en cretonne, rideaux et draperies doublés en satinette bordée d'un galon giselle et frange à trois boulots pour la draperie, fond du lit en étoffe. Hauteur de coupe, 3m.

Détail du lit en cretonne

(Embrasses sans volant)

Quantité m. c.		fr. c.
1	Châssis bois blanc de 2m	10 »
2	Porte-embrasses acajou	1 80
2 30	Toile blanche	1 49
»	Façon du châssis et fil fer	3 50
26 »	Galon giselle	7 80
2 60	Frange à 3 boulots	4 94
17 50	Satinette en 80	22 75
» 60	Toile forte	» 60
3 50	Ruban en fil et agrafes	» 60
»	Façon couture rideaux	11 »
»	Id. draperies et embrasses	6 »
»	Id. coupe	5 »
»	Id. pose	5 »
»	Menus frais	1 25
39 40	Etoffe cretonne	98 50
	Prix net du lit en cretonne	180 23

Emploi de l'étoffe

Quantité		Quantité m. c.
5	Lès rideaux à 3m 10	15 50
7	Lès fond du lit à 2m 70	18 90
2	Lès draperies à 1m	2 »
2	Lès embrasses à 0m 20	» 40
2	Lès châssis à 1m 30	2 60
	Total de l'étoffe	39 40

Emploi du galon giselle

Quantité		Quantité m. c.
2	Rideaux	11 »
2	Draperies tête	3 »
2	Rideaux têtes flamandes	8 »
2	Embrasses	4 »
	Total du galon	26 »

p. 100 en plus.	
Frais généraux	
Bénéfice	
TOTAL	

ALBUM QUÉTIN

19me livr., Planche N° 151

LIT DE PIEDS A DRAPERIES

10 festons et queues d'écharpe, châssis de 150 à élévation en palissandre, rideaux et draperies doublés en satinette bordés d'un galon giselle et frange à trois boulots pour les draperies, le fond du lit en étoffe Hauteur de coupe, 3 mètres.

Détail du lit en cretonne (les embrasses à volant)

Quantité m. c.		fr. c.
1	Châssis palissandre	45 »
2	Porte-embrasses palissandre	3 50
2 75	Toile blanche	1 78
»	Façon du châssis et fil fer	3 »
19 »	Galon giselle	5 70
12 50	Frange à 3 boulots	23 75
33 »	Satinette	42 90
4 20	Ruban en fil et agrafes	» 90
»	Façon couture rideaux	8 »
»	Id. draperies et embrasses	20 »
»	Id. coupe	12 »
»	Id. pose	6 »
»	Menus frais	1 50
44 45	Étoffe cretonne	111 12
	Prix net du lit en cretonne	285 15

Emploi de l'étoffe

Quantité		Quantité m. c.
7	Lès rideaux à 3m 10	21 70
3	Lès fond du lit à 2m 70	8 10
10	Lès draperies à 0m 85	8 50
2	Lès queues d'écharpe à 1m 10	2 20
5	Lès embrasses à volant 0m 15	» 75
2	Lès châssis à 1m 60	3 20
	Total de l'étoffe	44 45

Emploi du galon giselle

Quantité		Quantité m. c.
2	Rideaux	13 »
2	Embrasses	6 »
	Total du galon	19 »

p. 100 en plus.		
	Frais généraux	
	Bénéfice	
	TOTAL	

ALBUM QUÉTIN

19me livr., Planche N° 151

LIT DE PIEDS A DRAPERIES

10 festons et queues d'écharpe, châssis Louis XIV de 150 en palissandre, étoffe et passementerie en laine et soie, draperies doublées en satinette, crête devant et bas des rideaux, frange en 12 c. à la draperie. Hauteur de coupe 3m.

Détail du lit

Quantité m. c.		fr. c.
1	Châssis avec fronton sculpté	60 »
2	Porte-embrasses palissandre	4 »
2 75	Toile blanche	1 78
»	Façon du châssis et fil fer	3 »
18 50	Crête Louis XIV	14 80
12 50	Frange en 12 c	40 62
2	Embrasses à glands	15 »
5 50	Satinette	10 45
4 20	Ruban en fil et agrafes	» 90
	Façon couture, rideaux	7 »
	Id. draperies	20 »
	Id. coupe	12 »
	Id. pose	6 »
	Menus frais	1 50
	Total sans l'étoffe	197 05

Emploi de l'étoffe

Quantité		Quantité m. c.
3	Lès rideaux à 3m 10	9 30
2	Lès fond du lit à 2m 70	5 40
5	Lès draperies à 0m 85	4 25
1	Lès queues d'écharpe à 1m 10	1 10
1	Lès châssis tendu à 1m 60	1 60
	Total de l'étoffe	21 65

Prix net du lit

EN

	fr. c.
Damas laine et soie	500 15
Satin laine et soie uni	456 85

p. 100 en plus.	Frais généraux	
	Bénéfice	
	TOTAL	

ALBUM QUÊTIN

19me livr., Planche N° 151

LIT DE PIEDS A DRAPERIES

10 festons et queues d'écharpe, châssis Louis XVI de 150 en bois doré, étoffes et passementeries en soie, rideaux et draperies molletonnés et doublés en marceline, crête sur le devant et bas des rideaux, frange en 12 c. pour la draperie.
Hauteur de coupe 3m.

Détail du lit ornements bois doré

Quantité m. c.		fr. c.
1	Châssis avec fronton sculpté	59 »
2	Porte-embrasses à perles	11 »
2 75	Toile blanche	1 78
»	Façon du châssis et fil fer	5 »
18 50	Crête à nœuds	41 62
12 50	Frange en 12 c.	81 25
2	Embrasses Château-d'Eau	28 »
15 10	Marceline en 140	188 75
15 10	Molleton	24 16
4 20	Ruban en fil et agrafes	» 90
	Façon couture rideaux	11 »
	Id. id. draperie et écharpe	25 »
	Id. coupe	12 »
	Id. pose	7 »
	Menus frais	2 »
	Total sans l'étoffe	498 46

Emploi de l'étoffe

Quantité		Quantité m. c.
3	Lès rideaux à 3m 10	9 30
2	Lès fond du lit à 2m 70	5 40
5	Lès draperies à 0m 85	4 25
1	Lès queues d'écharpe à 1m 10	1 10
1	Lès châssis tendu à 1m 60	1 60
	Total de l'étoffe	21 65

Prix net du lit

EN

	fr. c
Damas des Indes	974 76
Satin de soie uni	1104 66

p. 100 en plus.	Frais généraux	
	Bénéfice	
	TOTAL	

ALBUM QUÉTIN

24me livr., Planche N° 191

LIT DE PIEDS A DRAPERIES

Têtes flamandes, 4 festons, étoffe en cretonne, rideaux et draperies doublés satinette bordés d'un galon giselle et frange à boulots pour la draperie, le fond du lit en étoffe, embrasses à volant, châssis de 150. Hauteur de coupe 3m.

Détail du lit en cretonne

Quantité m. c.		fr. c.
1	Châssis bois blanc à élévation	12 »
2	Porte-embrasses bois noir	4 »
2 75	Toile blanche	1 78
»	Façon du châssis et fil fer	4 »
28 50	Galon giselle	8 55
6 »	Frange à 3 boulots	11 40
25 70	Satinette en 80 c	33 41
» 80	Toile forte	» 80
1 60	Ruban fil et agrafes	» 75
»	Façon couture rideaux	11 »
»	Id. id. draperies et embrasses	12 50
»	Id. coupe	6 »
»	Id. pose	6 »
»	Menus frais	1 50
36 90	Cretonne	92 25
	Prix net du lit en cretonne	205 94

Emploi de l'étoffe

Quantité		Quantité m. c.
7	Lès rideaux à 3m 10	21 70
3	Lès fond du lit à 2m 70	8 10
4	Lès draperies à 0m 85	3 40
4	Lès embrasses et volant à 0m 15	0 60
2	Lès châssis à 1m 55	3 10
	Total sans l'étoffe	36 90

Emploi du galon giselle

Quantité		Quantité m. c.
2	Rideaux devant et bas	12 50
2	Rideaux tête	7 »
1	Draperie tête	3 »
2	Embrasses	6 »
	Total du galon	28 50

p. 100 en plus.	Frais généraux	
	Bénéfice	
	TOTAL	

ALBUM QUÊTIN

24me livr., Planche N° 191

LIT DE PIEDS A DRAPERIES

Têtes flamandes 4 festons, étoffe et passementeries en laine et soie, crête aux rideaux et ganse soufflée pour les têtes flamandes, frange en 12 c. à la draperie, fond du lit en étoffe, draperie doublée en satinette. Hauteur de coupe 3 mètres.

Détail du lit en laine et soie

Quantité m. c.		fr. c.
1	Châssis bois blanc de 150	12 »
2	Porte-embrasse palissandre	4 »
2 75	Toile blanche	1 78
»	Façon du châssis et fil fer	4 »
19 50	Crête Louis XIV	15 60
8 »	Ganse flexible	7 20
6 »	Frange en 12 c.	19 50
2	Embrasses à glands	15 »
15 60	Satinette en 140	29 64
» 80	Toile forte	» 80
1 60	Ruban fil et agrafes	» 75
	Façon couture rideaux	10 »
	Id. draperie	10 »
	Id. coupe	5 50
	Id. pose	6 »
	Menus frais	1 25
	Total sans l'étoffe	143 02

Emploi de l'étoffe

Quantité		Quantité m. c.
4	Lès rideaux à 3^m 15	12 60
2	Lès fond du lit à 2^m 70	5 40
2	Lès draperies à 0^m 85	1 70
1	Lès châssis tendu à 1^m 60	1 60
6	Lès tête à 0^m 20	1 20
	Total de l'étoffe	22 50

Prix net du lit

EN

	fr. c.
Damas laine et soie	458 02
Satin laine et soie uni	413 02

p. 100 en plus.	Frais généraux	
	Bénéfice	
	TOTAL	

ALBUM QUÉTIN

24me livr., Planche N° 191

LIT DE PIEDS A DRAPERIES

Têtes flamandes 4 festons, étoffe et passementeries en soie, rideaux et draperie molletonnés et doublés marceline, crête aux rideaux et ganse pour les têtes flamandes, frange en 12 c. à la draperie, fond du lit en étoffe.
Hauteur de coupe 3^m.

Détail du lit en soie

Quantité m. c.		fr. c.
1	Châssis bois blanc de 150	12 »
2	Porte-embrasses bois doré à perles	11 »
2 75	Toile blanche	1 78
»	Façon du châssis et fil fer	4 »
8 »	Ganse flexible	10 »
19 50	Crête à nœuds	43 87
6 »	Frange en 12 c.	39 »
2	Embrasses Château-d'Eau	28 »
15 60	Marceline en 140	195 »
15 60	Molleton	19 50
» 80	Toile forte	» 80
1 60	Ruban en fil et agrafes	» 75
	Façon couture rideaux	14 »
	Id. draperies	12 »
	Id. coupe	7 »
	Id. pose	6 50
	Menus frais	1 50
	Total sans l'étoffe	406 70

Emploi de l'étoffe

Quantité		Quantité m. c.
4	Lès rideaux à 3^m 15	12 60
2	Lès fond du lit à 2^m 70	5 40
2	Lès draperies à 0^m 85	1 70
1	Lès châssis tendu à 1^m 60	1 60
6	Lès tête à 0^m 20	1 20
	Total de l'étoffe	22 50

Prix net du lit en soie

EN

	fr. c.
Damas des Indes	901 70
Satin uni grande largeur	1036 70

p. 100 en plus.	Frais généraux	
	Bénéfice	
	Total	

ALBUM QUÉTIN

19me livr., Planche N° 152

PLANCHE DE CHEMINÉE

A draperies, 9 festons et rideaux, étoffe en cretonne, rideaux et draperies doublés satinet e bordés d'un galon giselle et frange à 3 boulots pour la draperie, embrasses à volant. Hauteur de coupe 1^m. Planche 130 sur 45.

Détail de la planche en cretonne

Quantité m. c.		fr. c.
»	Bois	4 »
» 50	Molleton	» 80
2	Rosaces dorées avec tiges	2 »
2 »	Tringle en fer et pitons	» 50
30	Annelets en cuivre	» 50
12 80	Galon giselle	3 84
4 50	Frange à 3 boulots	8 55
8 50	Satinette en 80 c.	11 05
2 50	Ruban en fil	» 15
»	Façon garniture et pose	4 »
»	Id. couture, rideaux	2 50
»	Id. draperie	9 »
»	Id. coupe	5 »
»	Menus frais	» 75
8 99	Etoffe cretonne	22 47
	Prix net de la planche en cretonne	75 11

Emploi de l'étoffe

Quantité		Quantité m. c.
2	Lès dessus de planche à 47 c.	» 94
4	Lès rideaux à 1^m	4 »
9	Lès draperies à 0^m 45	4 05
	Total de l'étoffe	8 99

Emploi du galon

Quantité		Quantité m. c.
1	Planche, le tour	2 20
2	Rideaux	5 60
2	Embrasses	5 »
	Total du galon	12 80

p. 100 en plus.	Frais généraux	
	Bénéfice	
	TOTAL	

ALBUM QUÉTIN

19me livr., Planche N° 152

PLANCHE DE CHEMINÉE

A draperies, 9 festons et rideaux, étoffe et passementeries en soie et laine et soie doublées en satinette, crête sur le devant et bas des rideaux, frange en 10 c. à la draperie. Hauteur de coupe 1m. Planche 130 sur 45.

Détail de la planche en soie

Quantité m. c.		fr. c.
1	Bois	4 »
2	Rosaces dorées avec tiges	2 »
2 10	Tringle en fer et pitons	» 50
30	Annelets en cuivre	» 50
7 25	Crête à nœuds	16 31
4 50	Frange en 10 c	27 »
2	Petites embrasses fantaisie	10 »
» 50	Molleton	» 80
3 50	Satinette	6 65
2 50	Ruban en fil	» 15
	Façon couture rideaux	3 50
	Id. id. draperie	11 25
	Id. garniture de la planche	5 »
	Coupe	5 50
	Menus frais	1 »
	Total sans l'étoffe	94 16

Détail de la planche en laine et soie

Quantité m. c.		fr. c.
1	Bois	4 »
2	Rosaces dorées avec tiges	2 »
2 10	Tringle en fer et pitons	» 50
30	Annelets en cuivre	» 50
7 25	Crête Louis XIV	5 80
4 50	Frange en 10 c	13 50
2	Petites embrasses fantaisie	6 »
» 50	Molleton	» 80
3 50	Satinette	6 65
2 50	Ruban en fil	» 15
	Façon couture rideaux	2 50
	Id. draperie	9 »
	Id. garniture de la planche	5 »
	Coupe	5 »
	Menus frais	» 75
	Total sans l'étoffe	62 15

Emploi de l'étoffe

Quantité		Quantité m. c.
1	Lès dessus de la planche à 0m 47	» 47
2	Lès rideaux à 1m	2 »
3	Lès draperies à 0m 45	1 35
	Total de l'étoffe	3 82

Emploi de l'étoffe

Quantité		Quantité m. c.
1	Lès dessus à 0m 47	» 47
2	Lès rideaux à 1m	2 »
3	Lès draperies à 0m 45	1 35
	Total de l'étoffe	3 82

Prix net de la planche

EN

	fr. c.
Damas des Indes	178 20
Satin soie uni grande largeur	201 12

Prix net de la planche

EN

	fr. c.
Damas laine et soie	115 63
Satin laine et soie uni	107 99

p. 100 en plus.	
Frais généraux	
Bénéfice	
TOTAL	

COURTE-POINTE

Etoffe et passementeries en laine doublée en toile blanche. Longueur 2m 50
LA MÊME en cretonne avec deux rangs de galon giselle double

Détail en laine sans tête

Quantité m. c.		fr. c.
8 50	Toile blanche	7 65
5 »	Crête Louis XIV	3 »
	Façon couture	4 »
	Coupe et apprêt	1 »
	Menus frais	» 50
	Prix net sans l'étoffe	16 15

Détail en cretonne sans tête

Quantité m. c.		fr. c.
9 60	Toile blanche	8 64
10 »	Galon giselle	3 »
	Façon couture	4 »
	Coupe et apprêt	1 »
	Menus frais	» 50
	Prix net sans l'étoffe	17 14

Prix net de la jetée

EN

Quantité m. c.		fr. c.
5 »	Damas de laine	42 40
5 »	Reps	51 15
5 »	Satin français	61 15

Prix net de la jetée

EN

Quantité m. c.		fr. c.
10 »	Cretonne	42 14

Détail de la courte-pointe (avec une tête ajustée)

Quantité m. c.		fr. c.
2	Ronds en fer étamé	» 80
10 »	Toile blanche	9 »
7 »	Crête	4 20
1	Gland et cartizane	1 70
	Façon couture	7 »
	Coupe et apprêt	2 »
	Total sans l'étoffe	24 70

Détail de la courte-pointe (avec une tête ajustée)

Quantité m. c.		fr. c.
2	Ronds en fer étamé	» 80
9 90	Toile blanche	8 91
12 »	Galon giselle	3 60
1	Gland et cartizane	1 70
	Façon couture	7 »
	Coupe et apprêt	2 »
	Total sans l'étoffe	24 01

Prix net de la courte-pointe

EN

Quantité m. c.		fr. c.
6 20	Damas de laine	57 25
6 20	Reps	68 10
6 20	Satin français	80 50

Prix net de la courte-pointe

EN

Quantité m. c.		fr. c.
11 »	Cretonne	51 51

p. 100 en plus.	Frais généraux	
	Bénéfice	
	TOTAL	

COURTE-POINTE

Étoffes et passementeries en laine et soie doublées de toile blanche et en soie. Doublées de satinette.

Détail en laine et soie sans tête

Quantité m. c.		fr. c.
8 50	Toile blanche	7 65
5 »	Crête Louis XIV	4 »
	Façon couture	4 »
	Coupe et apprêt	1 »
	Menus frais	» 50
	Total sans l'étoffe	17 15

Détail en soie sans tête

Quantité m. c.		fr. c.
5 »	Satinette en 140	9 50
5 »	Crête à nœuds	11 25
	Façon couture	4 50
	Coupe et apprêt	1 25
	Menus frais	» 75
	Total sans l'étoffe	27 25

Prix net de la jetée

Quantité m. c.	EN	fr. c.
5 »	Damas laine et soie	87 15
5 »	Satin laine et soie uni	77 15

Prix net de la jetée

Quantité m. c.	EN	fr. c.
5 »	Damas des Indes	137 25
5 »	Satin soie uni	167 25

Détail de la courte-pointe avec une tête ajustée

Quantité m. c.		fr. c.
2	Ronds en fer étamé	» 80
10 »	Toile blanche	9 »
7 »	Crête Louis XIV	5 60
2	Glands et cartizane	2 25
	Façon couture	7 »
	Coupe et apprêt	2 »
	Total de la courte-pointe sans l'étoffe	26 65

Détail de la courte-pointe avec une tête ajustée

Quantité m. c.		fr. c.
2	Ronds en fer étamé	» 80
6 30	Satinette	11 97
7 »	Crête à nœuds	15 75
2	Glands et cartizane	3 75
	Façon couture	7 75
	Coupe et apprêt	2 50
	Total de la courte-pointe sans l'étoffe	42 52

Prix net de la courte-pointe

Quantité m. c.	EN	fr. c.
6 20	Damas laine et soie	113 45
6 20	Satin laine et soie uni	101 05

Prix net de la courte-pointe

Quantité m. c.	EN	fr. c.
6 20	Damas des Indes	178 92
6 20	Satin soie uni	216 12

p. 100 en plus.	Frais généraux	
	Bénéfice	
	TOTAL	

QUANTITÉ D'ÉTOFFES POUR HOUSSES

En 80 c. de large.

SANS VOLANT Quantité m. c.	DÉSIGNATION DES PIÈCES	AVEC VOLANT Quantité m. c.	GALON A BORDER Quantité m. c.
5 »	Fauteuil Voltaire	6 20	7 50
3 70	Fauteuil de salon	5 10	6 50
3 »	Chaise de salon	3 40	5 60
2 75	Chaise légère	3 15	5 20
» 70	Id. id. le fond seulement	2 70	5 20
2 60	Chaise bébé	4 »	6 20
4 90	Fauteuil bébé	6 75	8 50
2 80	Chaise anglaise	4 10	6 50
4 70	Fauteuil anglais	6 25	8 30
9 10	Canapé 3 places	11 50	14 »
7 10	Canapé 2 places	8 50	12 50
2 »	Pouf de 65 c. de diamètre	2 80	8 »

PRIX DES MARCHANDISES

ÉTOFFES

	fr. c.
Damas des Indes	22 »
Id. laine et soie	14 »
Satin laine et soie uni	12 »
Damas de Lyon	18 »
Id. laine	5 25
Reps	7 »
Velours	12 »
Satin français	9 »
Satin soie uni en 140	28 »
Drap	11 »
Cretonne	2 50
Peau ou maroquin	11 »
Moleskine	4 »

TOILES & CRIN

	fr. c.
Toile blanche à épaisseur	» 65
Id. id. à capitonner	» 90
Id. forte à gobelet	1 »
Id. forte	1 25
Sangle	» 12
Percaline grise	» 50
Crin cardé	5 75
Toile d'embourrure en 140	» 85
Clous dorés, le mille	9 »
Élastiques 12 tours, la pièce	» 25
Id. 11 tours, id.	» 25
Id. 10 tours, id.	» 20
Bourrelets de porte	» 25

DOUBLURES

	fr. c.
Percaline glacée en 140	1 65
Id. id. en 80 c.	1 »
Molleton en 140	1 60
Satinette en 140	1 90
Id. en 80 c.	1 30
Marceline en 140	12 50
Mousseline unie	2 »

FAÇONS SUPPLÉMENTAIRES

	fr. c.
Peau pour le tendu, pour une	» 50
Peau pour le capiton, pour une	1 »
Peau avec nervure, pour une	» 75
Bois doré, le fauteuil	1 50
Id. la chaise	1 »
Id. le canapé	3 50

PRIX DES MARCHANDISES

PASSEMENTERIES

	fr. c.
Frange en 18 c. en laine	3 25
Id. id. en laine et soie	7 »
Id. id. en soie	12 »
Frange en 12 c. en laine	1 40
Id. id. en laine et soie	3 25
Id. id. en soie	6 50
Ganse pour oreillers en laine	» 30
Id. id en laine et soie	» 40
Id. id. en soie	» 50
Macaron pour oreillers en laine	» 40
Id. id. en laine et soie	» 50
Id. id. en soie	» 75
Jeu de glands en laine	4 50
Id. en laine et soie	7 »
Id. en soie	12 »
Gros cablé en laine	» 90
Id. en laine et soie	1 25
Id. en soie	2 90

Franges à boulots

A 1 boulot	1 10
A 2 boulots	1 30
A 3 boulots	1 90
Boutons à capiton le 100	2 50
Cordon de tirage en fil	» 07
Id. en soie	» 70

	fr. c.
Frange en 25 c. en laine	4 »
Id. id. en laine et soie	10 »
Id. id. en soie	15 »
Crête Louis XIV en laine	» 60
Id. id. en laine et soie	» 80
Id. à nœuds en soie	2 25
Embrasses ordinaires en laine	5 »
Id. id. en laine et soie	7 50
Id. id. en soie	14 »
Ganse pour rideaux en soie	» 60
Id. id. en laine et soie	» 90
Id. id. en soie	1 25
Lézarde uni en soie	» 32
Id. à s	» 90
Id. biais dents de rat	1 50
Galon giselle	» 30
Ruban en soie	» 10
Id. en fil	» 05

FIN

TABLE DES MATIÈRES

BOIS APPARENT

BOIS RECOUVERT

TENTURES CROISÉES, UNI

TENTURES LITS, UNI

TENTURES CROISÉES, DRAPERIE

TENTURES LITS, DRAPERIE

FIN DE LA TABLE

Paris. — Typ. Veuve Edouard Vert, rue Notre-Dame-de-Nazareth, 29.

www.ingramcontent.com/pod-product-compliance
Ingram Content Group UK Ltd.
Pitfield, Milton Keynes, MK11 3LW, UK
UKHW031923260826
14628UKWH00003B/1379

9 782019 146801